觉觉魅惑

曲靖老城印记

戴兴华 ◎ 著

九州出版社
JIUZHOUPRESS

**图书在版编目（CIP）数据**

触觉魅惑：曲靖老城印记／戴兴华著 . -- 北京：
九州出版社，2024.7. -- ISBN 978-7-5225-3120-5

Ⅰ. K297.43

中国国家版本馆 CIP 数据核字第 2024RU8260 号

**触觉魅惑：曲靖老城印记**

| | | |
|---|---|---|
| 作　　者 | 戴兴华　著 | |
| 责任编辑 | 李创娇 | |
| 出版发行 | 九州出版社 | |
| 地　　址 | 北京市西城区阜外大街甲 35 号（100037） | |
| 发行电话 | （010）68992190/3/5/6 | |
| 网　　址 | www.jiuzhoupress.com | |
| 印　　刷 | 唐山才智印刷有限公司 | |
| 开　　本 | 710 毫米×1000 毫米　16 开 | |
| 印　　张 | 17.5 | |
| 字　　数 | 217 千字 | |
| 版　　次 | 2025 年 1 月第 1 版 | |
| 印　　次 | 2025 年 1 月第 1 次印刷 | |
| 书　　号 | ISBN 978-7-5225-3120-5 | |
| 定　　价 | 78.00 元 | |

谨以此书，致敬我的生长之地

——曲靖老街

# 自　序

时光似水，遗落了多少过往；红尘如流，淹没了无数曾经。一方水土养育一方人，每一个人都有家乡情结。出走得再远，也走不出自己的家乡，不经意间，它就浮现在你梦里。我的家乡云南曲靖，那是一片神奇迷人、充满魅力与诱惑的古老土地。

三亿年前，这里还是茫茫大海，是"古鱼王国""鱼的故乡"。

后来，地层隆起，地貌巨变，形成高山、峡谷、河流、湖泊……

就在这里，无数古生物悄然出现，逐渐演化，直至诞生了人类。

曲靖是地球生命的摇篮，人类活动最早的开端，中国古代文明的发源地之一。

爨氏家族以曲靖为中心统辖云南（当时称"南中"）四百余年，忽然在历史长河中销声匿迹，历代文献记载简略，语焉不详，让人迷糊，难以追寻。古城曲靖，若以西汉元封二年（公元前109年）置味县来算，有两千多年历史；若以唐朝贞观八年（公元634年）筑石城取代味县来算，有一千多年历史；若以明朝洪武二十年（公元1387年）建南宁府城来算，也有六百多年历史。

历经岁月洗礼，又弥漫着生活气息的沧桑老城，才是这座城市的灵魂所在。

我生长于这座老城的老街上，热切而卑微地活着。日常生活中，习惯站在弱者一边。把老街故事记下来，用直白严谨的语言描述它悠久的历史、厚重的文化、朴实的民风、独特的民俗以及千载的变迁，就成了自己给自己强加的一项任务。所幸钻在故纸堆里太久，书读进去了，人也走出来了。写历史人物和历史事件，就像写身边熟悉的亲友和经历过的事情一样，感到既亲切又可爱。

史实与故事是两码事，历史是真实的过往，故事可以虚构演绎。历史不是创新，而是一次次重复。历史无法随意涂抹，若可以随意涂抹，那就不是历史，而是历史的悲哀、人类的悲哀。"历史不是任人打扮的小姑娘。""真实之于历史，正如双目之于人身。"

很多历史过往，并不一定都有机会被写进教科书，更多的传奇，在日复一日的人间烟火气中流转。譬如，在曲靖老街随意溜达，穿梭于传统与现代并存的氛围间，当昔日的"独步南境，卓尔不群"不再惹眼，只有真正懂得老曲靖的人，才能领会她独特的气息和复杂的韵味。曲靖老街或许再也无法成为这个城市的地标，但她会成为这个城市的根与魂。因为她是这个城市的原点和发祥地，承载着太多曲靖人的无限牵挂与生生不息！

个人的命运在滚滚历史潮流面前，显得多么微不足道。我时常觉得，自己无非在现实夹缝里生存、做事而已。因为我的研究跟所学专业、所从事的工作毫无关系。我不是专家，更不是学者，我是半路出家研究曲靖地方历史与民俗文化的学习者、爱好者。与专业学者不同，不是为了完成什么科研课题，也不是为了晋升职称或头衔，不掺杂任何功利目的，纯粹基于"一个可笑的心愿"：兑现自己对自己的承诺，打捞、普及家乡的历史文化与民俗、民间文化，呼吁非物质文化遗产项目的有效保护与可持续发展，努力讲好曲靖故事，让可能消失的曲靖故事继续流传。不是从政治、道德或者学术的层面，而是从人性的层面去接近古人古事，走进田野民间，不仰视不批判，以悲悯之心与之相处，与之悲欢与共。

过去的东西虽然随着时光已经流逝，但如果不讲述，无根的高楼大厦又有什么可爱呢？

我在内心深处祈愿家乡能够走向世界，祈愿本地市民和外地客人能够更多更好地了解曲靖、感知曲靖，从而喜欢曲靖、爱上曲靖。

交付了这个心愿，我将努力回归自己喜欢的状态。那就是汪曾祺先生《慢煮生活》中一段极优美的话："我以为，最美的日子，当是晨起侍花，闲来煮茶，阳光下打盹，细雨中漫步，夜灯下读书，在这清浅时光里，一手烟火一手诗意，任窗外花开花落，云来云往，自是余味无尽，万般惬意。"

本书汇拢的文章，都是近二十年来利用业余时间收集整理、陆续撰写的，多数都公开发表过。此次虽做了订正，但仍存在相互之间的一些重复和雷同。除去史实的重复外，其他是为了保持收录文章之原貌。

在写作过程中，查阅并参考了大量著述，鉴于本书非纯学术著作，目的在于普及宣传，就未一一标明所引文献与资料的出处，敬请读者诸君见谅。不妥不当之处，欢迎批评、探讨。

风过湖水皱，世道人心现。请相信，云南副中心城市的定位会让曲靖更具魅力、充满诱惑！

祝福您，我的家乡——曲靖！

2023 年 7 月 1 日

# 目 录
## CONTENTS

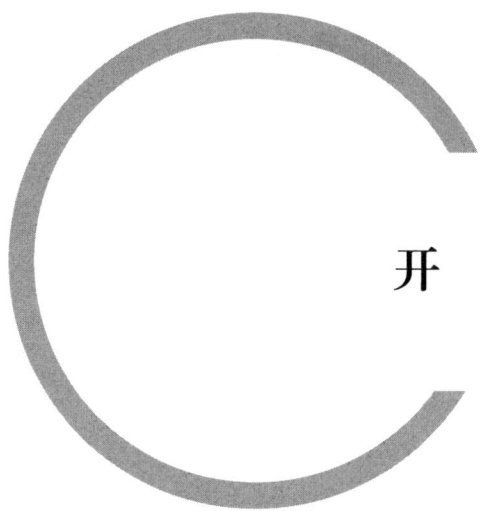

开　篇

# 曲靖老街走笔

城门城门几丈高

三十六丈九尺高

骑白马，腰挎刀

进到城里操一操


城门城门有多宽

十四大马并排穿

进了城门数一数

将军统兵八万五


三寺八庙九道阁

孟获爨氏和诸葛

曲靖呢街曲靖巷

街头巷尾天天逛


漫步曲靖老街，如同走进孩提时的童谣，没有新的内容，没有华丽的辞藻，但流淌的东西，却最耐人寻味、勾人魂魄。

蜿蜒曲折的老街古巷，如"卉"状"龟"形，虽陈旧狭窄，但随处随地彰显岁月魅力，青石板上的苔藓、匾额楹联上的尘泥，述说着老街居民日常生活的点点滴滴，如同万古烟云化不开抹不去。

伴着历史车轮滚滚向前，过去的人和事随时间消逝不见，老街沉淀了悠悠历史的无声痕迹，散落民间，成为挥之不去的文化记忆。

北门街下段街景
（张志永 1961 年写生，戴兴华翻拍于《张志永画作》）

历史上，中原文化入滇，曲靖是必经通道，处在对内地开放的前沿，又是内地进入云南的门户，既是交通的枢纽和咽喉，又是开发最早的区域。生活在老街的人们，历来能够较早吸收先进文明之成果。

古道最风光的年代，歪歪斜斜的木板房沿街紧密排布，前店中院后厂，可谓"家家有商铺，户户做生意"。而今，繁华褪去，喧闹依然。朝晖暮色里，时光在老街的青砖黛瓦和木板土墙上，留下年深日久的沧桑和如诗如画的意境。

康桥及康桥河
（张志永 1962 年写生，戴兴华翻拍于《张志永画作》）

对曲靖老街的记忆，犹如春季细雨，淅淅沥沥，绵绵长长。曾经的车水马龙，荣华盛名，难匿踪影；历史文化，民风民俗，源远流长。如果说西汉的味县、唐朝的石城，已随风而逝，那么残留至今的明代府城沿袭了六百余年，是摸得着、看得见的证明这个城市有历史有文化的例证，也是曲靖城市文明孕育生发的源头活水。

随着时代的变迁，大量古迹被拆毁殆尽，许多老旧之物一点点被岁月吞噬，传统文化的余音渐行渐远。为了城市发展、社会进步，拆迁没有错，一座旧城黯淡下去，新城会耸立起来，这是历史之道，人类文明之道。遗憾的是，拆迁过程中，调研与保护没有及时跟进。

历经数百年时光洗礼，曲靖老街安然存世，值得庆幸！曲靖是一个有故事的地方，老街存世，故事才能一直流传。

传说北宋著名书画家米芾，游历曲靖东山（朗目山），在华严寺（建于唐代）挥毫泼墨，留下"曲靖第一山"（应该是复刻的，米芾没到过曲靖）；明代高僧在朗目山石喇大寺感怀"至今朗目山头月，一片寒光照石城"，流传至今。青峰山的安国寺（建于唐代），其匾额为唐玄宗亲自题写，墨迹尚存。"明朝第一才子"杨慎，当年闲逛曲靖"谯楼夜市"，看到鼓楼街灯火辉煌，繁华热闹，即兴写下名联："何须密迩尧天，尽是康衢乐国"。杨慎每次途经曲靖，最爱"靖州古酒"，有一次在酒行街喝得酣畅淋漓，曾赋诗一首："晴岚四水好风光，未别石城更思还。临行不行他乡酌，难却靖州古酒香。"让"酒行街"和"靖州古酒"名噪一时，也让曲靖民间一直流传"杨状元不爱娇妻爱美酒"之佳话。

明朝崇祯十一年九月初八（1638年10月14日），徐霞客上午在三宝浴罢温泉，下午从南门进曲靖城，吃了碗面，由东门出城，步行半里入东山寺（又称报恩寺），在当天的《滇游日记》里感慨："（此寺）置宏钟焉，钟之大，余所未见也"。徐霞客游历天下，见多识广，触发赞叹，实属不凡。民间流传，明朝建文帝朱允炆被朱棣夺取皇权后，曾在此寺避难，中国画一代宗师"八大山人"（朱耷）也曾隐藏此间，并与家住打油巷、"滇中七子"之一的孙鹤翙（孙璩）有过一段神奇的交往。可惜徐霞客忙着赶路，没有游览擦身而过的位于东门街的文庙。据《南宁县志》记载，文庙"坐北面南，天马峙其左右。堂居宽大，气象万千，真圣人居也"。文庙是老街占地面积最大，建筑规模最大，最辉煌的一组建筑群，在云南仅次于建水文庙，屋檐下悬挂着自清代康熙皇帝御笔"万世师表"至光绪皇帝御笔"斯文在兹"的九位皇帝亲书的九块复刻的巨匾。

文庙牌坊
（张志永 1961 年写生，戴兴华翻拍于《张志永画作》）

北门街的明朝万历举人（赐进士出身），曾任贵州左布政使的朱家民，因军功极大，诰授一品，荣封三世，告老还乡回归故里，购买良田500余亩，以其全部收入用作省城里曲靖会馆的日常开支，为参加乡试的曲靖籍贫寒学子和需要应急的乡人无偿提供食宿。朱家民还拿出大量资金收购各类书籍，在学院街建成万卷楼，供读书人免费学习、查阅。它是云南最早、规模最大的公益性私人图书馆，六百多年过去了，在曲靖至今无人可及，全省、全国也不多见。

北门街人唐时英，明朝嘉靖八年（1529年）进士，曾任右副都御史、陕西巡抚，嘉靖三十七年（1558年）告老还乡，万历四年（1576年）病故家中，享年80岁，神宗皇帝在《御祭唐时英》中称赞他："逮简擢于抚台，俾保厘于全陕，三建防秋之策，克宣却虏之危，所至有声。"1917年，唐时英后代、时任云南都督的唐继尧来曲靖祭祖，为唐时英重立墓碑华表，今存麒麟区麻黄冲。

清朝嘉庆进士、两淮盐运使杨本昌，以眼疾告老还乡。当曲靖连续三年遭受旱、涝灾害，杨本昌急公好义、赈济灾民，百姓感恩戴德，知府率众上门悬挂"利及群生"匾，民间雅称"杨半城"。杨本昌还以个人之力独资治理南盘江，迄今无人可及。杨家位于西门街的私宅"忠义第"，被民间誉为"杨家花园"，若与建水"朱家花园"相比，按史书描述，有过之而无不及。

光绪二年（1876年）乡试中举的陈子贞，出身中医世家，因治好云南巡抚林绍年久治不愈的中风，应聘执教云南医学堂20余年，编著《医学正旨择要》，史书记载："三迤（云南）名医，皆出其门（陈子贞）。"陈家位于东门街的保龄堂中医馆，闻名遐迩。陈家位于南门街的宅第（医专老校区附近），被民间誉为"陈家花园"。瑞文街出生的孙光庭，光绪八年（1882年）乡试中举，中华民国成立时当选为国会

此景写西门街打油巷口对面柏树高大有气势八十年代被毁六三年写此钢笔速写画 张志永

西门街与打油巷拐角处
（张志永 1963 年写生，戴兴华翻拍于《张志永画作》）

参议院议员，因揭露曹锟贿选名动全国，一度出任广东军政府临时参议院副院长、云南省政府省务委员等职，82 岁病逝于孙家公馆（医专老校区对面原开关厂内）。学院街人刘雨村，曾任贵州安南（今晴隆）县令，后任陆良县县长，任满回乡，因为官廉洁，无钱购房，借住孙家公馆，曾写对联一副贴于门上："老骥伏枥，志在千里；好鸟求友，栖借一枝。"民国二十二年（1933 年）刘雨村感叹自己的一生："老刘老

**杨家花园的后院及船亭**
（戴兴华翻拍于《张志永画作》）

刘，今已白头。为官三十余载，只剩一领破裘，有时典去沽酒，也还自诩风流；有愧为民父母，未能为民解忧，唯不取有造孽钱，免为儿孙做马牛；空手而来空手去，可以对天复何求？"民国二十五年（1936年）病逝，未留下寸土片瓦，终年74岁。

打油巷30号"陈家大院"、南门街24号"巴家大院"、西门街32号赵樾故居，属保存与修复较好的三处老宅子。赵樾是民国时期振武军第三军中将军长，后迁虎门要塞司令官。赵樾有三个义举青史留名：耗银18000余两，在宣威县杨柳乡建可渡桥（普济桥）；购粮谷4万余斤赈济家乡旱涝灾害；"在广州义救梁启超"。

遥想当年，三国时诸葛亮亲率三支大军南征，给曲靖留下一条巷，即诸葛巷，一座祠，即武侯祠，今巷在祠已不存。诸葛亮降服孟获，班师回蜀前，叫人刻石立碑，后人将石碑镶嵌在武侯祠大殿墙壁上，碑宽2米，碑高80厘米，碑首镌刻诸葛亮亲笔书写的"消兵留碣"四个大字（此碑在六七十年代拆毁武侯祠时，下落不明），1852年，曲靖知府邓尔恒发现"爨宝子碑"，从越州运回后即保存于此祠。清咸丰《南宁县志》主笔喻怀信，家住诸葛巷，道光丙午年（1846年）乡试中举，喻家父子"两进士两举人"，古今罕见。南门街人孙志曾，与唐继尧、李根源、刘云峰等人东渡日本加入同盟会，辛亥革命胜利后，先后担任云南高等审判厅厅长、云南高等检察厅厅长、军政府秘书长、陆军政法学校校长等职，被黎元洪授予中将军衔，其侄孙桂馨曾任云南陆军测绘学校校长等职，被授予少将军衔。

南门街人王祖训，1951年参加工作，1959年加入中国共产党，1984年任第14集团军副军长，1985年任云南省军区司令员，1988年任第14集团军军长，1993年任军事科学院副院长，1999年任军事科学院院长。1988年9月被授予少将军衔，1993年12月晋升中将军衔，2000年6月晋升上将军衔。

还有1997年当选为中国工程院院士的曲靖老街人胡永康等。

这些人文历史遗留，仿佛一块块蒙尘宝贝，若仔细打磨后，再像珍珠一样串联起来，老街就活化了。老街是抵御全球化和同质化浪潮的堡垒，是历史重要的见证与文脉基因库。在"整容"成为一种时尚，"修缮"遭遇冷漠，仿古建筑如雨后春笋的今天，真正的老建筑墙颓屋倾，却无人问津，令人扼腕叹息。

老辈人逐渐凋零后，很少有年轻的一代愿意去承袭那些"落后"的生活。所谓的乡愁，在新一代老居民中几乎无容身之地（主动或被追逃离），哪里还谈得上文化自信，哪里还谈得上对自身文化的崇敬、追随与发展。保住了一堆堆旧房子，如果保不住文化灵魂，老街也终将消失，最后的结局无非形神俱灭。

南门桥及南门河

（张志永 1961 年写生，戴兴华翻拍于《张志永画作》）

老街是目前曲靖最具规模的活态的文化遗存。城市文脉的保护与传承，体现着城市管理者、建设者、经营者的智慧与远见，既要走出一条"保护与建设相得益彰、群众利益与社会效益有机统一"的路子，还要经得起历史检验、实践考验和群众评说。历史的最好物证是建筑，建筑是静止的绘画，是岁月留下的礼品，体现着城市变革的风貌。百年老街的存在，其实质是让子孙后代有一个与祖先对话的精神寄托之地。我想，假如能够恢复部分有代表性的老建筑，并给"修旧如旧、新建如旧"的老建筑注入新的灵魂，传达并重塑出城市文化的活力与归属感，将会产生跨时代的意义。

历史和文化是城市的灵魂。一个地方的竞争，一个城市的竞争，核心的竞争力是软实力，软实力中最重要的是文化。一座城市，只有当你深入了解它的过去，才能更好把握它的现在，并开创、展望它的未来。

那么，作为古城曲靖，要塑造一个什么样的城市灵魂？

值得认真思考！

# 曲靖老城史话

　　曲靖是一个历史悠久、文化厚重、民风淳朴、多姿多彩的古老城市，是一个有很多故事的神奇地方。发掘于曲靖的大量无可争议的古生物化石证据表明：曲靖，是地球生命的摇篮，是人类鱼形祖先的起源地，是 4 亿年前人类远祖的发祥地。譬如，寥廓山岩层，就是世界上最古老保存最完整的泥盆纪陆相岩层，蕴藏大量远古鱼类化石。麒麟区珠街八塔台、富源县大河癞石山、宣威市格宜尖角洞出土的大量文物证实，30 万年前曲靖就有古人类活动遗迹；麒麟区珠街扁窟坑出土的炭化稻，证明曲靖有三千多年水稻（驯化稻）种植史；曲靖各县区出土的春秋至汉代的精美青铜器，说明曲靖有三千多年发达的文化积淀。换句话说，曲靖是中国古代文明的摇篮之一。

　　曲靖老城，如果以公元前 109 年汉武帝刘彻置味县（土城）来算，有两千多年历史；如果以公元 634 年唐太宗李世民设石城来算，有一千多年历史；如果以公元 1387 年明太祖朱元璋建曲靖府城（砖城）来算，也有六百多年历史。

　　六百多年前的曲靖老城，周长 3300 余米，城墙高 9.9 米，厚 9.9 米，城楼上有 1630 个锯齿状垛口，用于掩护的垛墙 3 米多高。四道城门：东门叫乐耕门，南门叫来薰门（南门河是护城河，南门桥是随城

14

而建的古桥），西门叫胜峰门，北门叫迎恩门（康桥河是护城河，康桥是随城而建的古桥）。城门楼是木结构的飞檐式双重楼：东为"太阳阁"，阁上悬"平瀚滇云"匾，南为纯阳阁（吕祖阁），悬"文明丽政"匾，西为太阴阁（夕阳阁），悬"胜峰起秀"匾，北为都天阁，悬"恩迓神枢"匾。在北门东西两侧城墙上建有敌楼两座：西为临漪楼，东为眺京楼。城中有钟鼓楼，城外有东、南、西、北四个关、四条街。全城依地形呈不规则长方形，坐西向东，城内道路网为丁字形，沿四城门建有东西南北四条主街，另有石子街、鼓楼街、总塘街、瑞文街、酒行街、学院街、启文街、文昌街、土主街、卷硐门街、十字街、糖行街、诸葛街、宰羊街、射圃街、北后街、箭道巷、打油巷、蒋家巷、新道巷、黉学巷、分司巷、水司巷、巴家巷、天池巷、川主巷、东城巷、魁阁巷、五福巷、水闸口、三棵树、仓上、大场院等大小街巷衔接，共计38条街巷，街宽6米，巷宽4米。街心地面为砂石板条石，两侧铺有河卵石路面。临街民房前店后厂，多数为2层土木结构、三房套两院，呈长条状，家家院内几乎都有水井，马头墙、猫拱墙及瓦猫（用于屋顶、房脊、大门或照壁之上）是其建筑特色之一。

《南宁县志》记载曲靖老城的特点是"四门错落不对开，巧布八条丁字街，九对巷道十字路"。老城北临麒麟山、南倚寥廓山，东临南盘江，又有潇湘江、白石江环绕，倚山面水，居高临下，易守难攻。在一平方公里的城内，设施俱全、功能完善，有满足政治的衙门，有满足宗教的庙宇，有满足教育教化、选拔人才和文化活动的文昌宫、贡院和书院，有点缀风光的亭台楼榭、小桥流水等公共园林及设施。

史书记载，曲靖老城经朱元璋批准，从洪武二十年（1387年）开始，由明代首任曲靖卫指挥使刘璧率军民建设，前后用时33年，直到永乐十八年（1420年）完工，曾经有"三峰耸翠、朗目晚照、石堡远眺、温泉春浴、潇湘碧柳、何屯桃霞、东湖秋月、北沼荷风"8个著名景点，后人又补充了谯楼夜市、啸寺晚钟、凌霄天马等。曲靖老城有大量文物古迹，仅明清时期，志书上明确记载的寺就有20余座：观音寺、天王寺、报恩寺、圆通寺、正法寺、玉泉寺、土主寺等；庙宇20余座：诸葛庙、关帝庙、文庙、城隍庙、旗庙、小红庙、二郎庙、火神庙、财神庙、玄坛庙等；祠10余座：武侯祠、名宦祠、乡贤祠、忠义孝悌祠、节孝祠、昭忠祠等；宫10余座：文昌宫、关圣宫、东岳宫、川主宫等；阁10余座：都天阁、文昌阁、太阳阁、太阴阁、吕祖阁、张仙阁、白玉阁、文昌阁、魁阁、斗阁等。还有无数的庵、殿。规模最大、建筑最宏伟的一处是位于东门街原彩印厂内的文庙。据《南宁县志》记载，当时的文庙"坐北面南，天马峙其左右。堂居宽大，气象万千，真圣人居也"。落成后，几乎每任地方官都修葺扩建，到了康熙年间，仅天子台下面东西两侧的庑殿就达28间，里面书籍、祭器、乐器、冠服应有尽有，庭院植有桂、柏及各种名花异草。另一处是位于东门外原地区粮食干部学校与地区粮食局车队片区的东山寺（又称报恩寺）。据《徐霞客游记》记载："出曲靖府东门半里入东山寺，建有大殿，前列楼配之，置宏钟之大，余所未见也，殿左有藏经阁。"民间传说，明朝建文帝朱允炆、"八大山人"（朱耷）等曾在此寺避难。至今，民间仍然流传着让曲靖人骄傲的古建筑"三寺（天王寺、土主寺、观音寺）、八庙（财神庙、城隍庙、诸葛庙、二郎庙、火神庙、东岳庙、娘娘庙、马王庙）、九阁（太阳阁、吕祖阁、太阴阁、都天阁、张仙阁、魁阁、文昌阁、北玉阁、斗阁）"。

民间传说，曲靖老城和昆明老城都是明代具有传奇色彩的地理学家、建筑家、堪舆家（风水家）汪湛海分别仿照西安古城、南京古城设计的。汪湛海参与设计并修建过明皇宫、明祖陵，后人称其为"定脉寻龙"之鼻祖。传说,曲靖城的图纸后来又用于建造澳门,因此,坊间流传澳门与曲靖是一对姊妹城。时过境迁,沧桑巨变,无数古迹随风而逝,澳门古城荡然无存,曲靖古城遗留几条残破街巷和两段城墙,历经数百年风雨,成为曲靖市区能够看得见摸得着这个城市有历史有文化的重要例证。但作者认为:汪湛海可能到过昆明,应该没有来过曲靖,因为如此大事件、如此大人物,史书没理由不做记载(查不到任何来过曲靖的正史记录)。

历史的最好物证是建筑,建筑是永恒的绘画,是凝固的音乐,是岁月留下的痕迹。一座城市如果没有古建筑保留下来,建设得再漂亮,也充满遗憾!

老城角楼
(戴兴华翻拍于《曲靖老照片》)

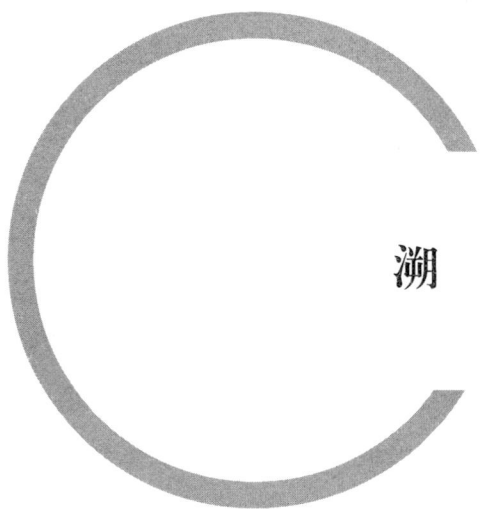

溯　源

# 秦朝及之前曲靖的简要史实

在漫漫历史长河中，在公元前 4 世纪，沟通云南与中原的联系，主要靠一条民间往来的道路——"蜀身毒道"，这是最早期的南方丝路的西线。中线是从四川经云南到越南和中南半岛的"步头道"和"进桑道"；东线是从四川经贵州、广西、广东至南海的"牂柯道"或"夜郎道"。这条道路以滇池（今昆明晋宁）为枢纽，东经夜郎（今贵州西部）、牂柯（今贵州东部）至巴，以联于楚；西由大理（今洱海地区）、哀牢（今保山一带），经掸（今缅甸），至身毒（今印度）；南从句町（今文山）、进桑（今红河），达南越（今两广地区），以通海外；北过泸水（今金沙江），经筇都（今西昌）、筰都（今凉山）至蜀，以抵于秦。东道，也就是"蜀身毒道"的主道，它从滇池（今晋宁）往东，经过云南曲靖、昭通，到达四川宜宾，然后顺长江而下，过重庆，抵湖北武汉，沟通中原广大地区。这条民间往来的古道，到了秦汉以后，历经官府不断拓修，成为交通大动脉。

曲靖是云南开发较早、建制也较早的区域，市境内的南盘江流域是人类活动最早的地区之一，留有旧石器时代人类活动的遗迹。1983 年，宣威尖角洞文化遗址的发现，丰富了对曲靖远古人类活动的了解；2001、2002 年，对富源大河癞石山旧石器遗址的发掘，证实曲靖远古先民至少在距今 10 万年（旧石器时代中期）就已经生息、繁衍于这片红土地上；2006 年，富源县大河镇茨托村发现距今 3—10 万年（旧石器时代中期）的 2400 多件遗存，其中大量遗存具有同时代欧洲莫斯特文化的典型特征，填补了中国乃至亚洲考古的空白，同时在地层里还发现了人类牙齿；麒麟区珠街陡山扁窟坑出土的炭化稻（粳稻型稻，是云南发现的第三个古稻分布点），说明公元前 12 世纪以前，曲靖先民已经创造着农耕稻作文明；公元前 4 世纪中叶，"蜀身毒道"开通，曲靖成为中原文化传入云南的重要通道，成为"西南丝绸之路"古道上的重要枢纽；1977—1982 年，对曲靖珠街八塔台古墓群 1、2 号封土堆的考古发掘，揭示了春秋、战国乃至秦、汉时期，曲靖地区的先民已经创造了高度的青铜文明；春秋战国时，曲靖为"靡莫之属"，已进入部族社会，与滇池地区的居民为同一族属。

"五尺道"便是在"蜀身毒道"之东道的基础上由朝廷委派官吏主持修筑的，它是有史以来官方修到云南的第一条国道。当时，为方便川、滇之间往来，秦国派蜀郡守李冰父子修路，修筑了从蜀郡（今成都）沿岷江而下达僰道县（今宜宾）的古道。公元前 221 年，秦始皇统一中国后，在云南"通道置吏"。公元前 225 年，秦始皇派常頞承接李冰父子继续督凿道路，修通了起自僰道县终于味县（今云南曲靖）的"五尺道"（《史记》载："秦时常頞通五尺。"因路宽五尺而得名，大约现在的 1.2 米。昭通盐津的豆沙关，曲靖宣威的杨柳、沾益的炎方和松林、马龙的旧县一带，至今残留五尺道遗迹）。"五尺道"从成都出发往东南行经僰道、南广（今盐津）、朱提（今昭通）、夜郎西北（今威宁一带），至滇池（今昆明），继续向西至叶榆（大理）。秦帝国把统一车迹的五尺道修通至曲靖，将曲靖直接置于中央政府的统辖之内，沟通了古滇国与中原的联系，也使曲靖在古滇国的地位开始凸显

（"五尺道"使曲靖处在对内地开放的前沿，成为内地进入云南的门户，川、黔入滇的必经要冲，也是去缅甸、印度等"西南丝绸之路"古道上的国家的重要枢纽）。秦朝在曲靖建立郡县制，使之成为"西南夷"部族群中开发最早的疆域；汉武帝时，曾派人拓宽五尺道（"山道宽丈余"，称之为"朱提道"）；隋唐时期，又在此基础上进一步加宽，并设置驿站，从石门关（今昭通盐津豆沙关），到石城（今曲靖），一直抵达拓东城（今昆明），称之为"石门关道"；元代，又修筑了由富源胜境关进入云南的古驿道（有遗迹残存）；明代，再次重修了由宣威可渡出滇的古驿道；清代，入滇道路又进行了进一步的拓建。历经岁月沧桑，这些古代道路沟通了中原广大地区与云南乃至东南亚国家的交通往来和经贸联系，使曲靖成为南方丝绸之路上的重要枢纽和战略要地。秦以后，各王朝以"五尺道"为基础，不断维修拓展。两千年过去了，漫步古驿道，端详石板间的马蹄窝遗迹，仿佛悠远时代西南丝路上那急促的马帮铃声仍旧在耳畔经久回荡。宣威杨柳古驿道旁崖壁上镌刻着明代状元杨升庵的摩崖题刻"高山流水，水流云在"，可渡河边巨石上的"飞虹伫鹤"传说是诸葛亮当年南征时题写的。

曲靖同中原内地建立直接的政治联系是从"庄蹻王滇"开始的。公元前280年，庄蹻率军队入滇，仿佛天意安排般沟通了曲靖与内地的联系。按照云南地方史的说法，庄蹻是战国末期的楚将，当时，秦楚争霸，受楚王派遣，庄蹻率2万余官兵开赴云南，当进入古滇国腹心地带滇池县（今昆明晋宁一带）时，秦已灭楚，庄蹻于是滞留滇地，后被滇人拥戴为"滇王"。之前，滇池周围和南盘江流域居住着土生土长的原始部族，"滇、靡莫、劳浸"是其中较大的三个部落联盟。散居在南盘江流域（今曲靖一带）的各部族，史称"靡莫之属"。东周末至春秋早期，曲靖已出现了部落联盟的社会形态，并向奴隶制社会过渡。从大量的出土文物来看，曲靖人（"靡莫之属"）与滇人存在一定区别，当时滇地部落林立，各部落之间虽不相统属，但又相互依存。古滇国出现后，曲靖是受古滇政权节制又有一定独立性的势力，也即滇"同姓相扶"的联盟部落，与古滇国共进退。当时楚文化高度发达，滞留下的楚人（2万余楚国将士90%留居滇地）"变服，从其俗"，在生产和生活中自然而然起到了楚文化传播者的作用，其先进的生产技术、生活方式和思想观念影响并推动着具有良好生态环境的滇池地区（滇国）、南盘江流域"靡莫之属"（今曲靖）社会经济的发展，同时又促成了一次空前的文化与种族大杂交。

秦以前曲靖为滇国、夜郎国势力交界地区，最早记载曲靖先秦时期历史的是司马迁的《史记·西南夷列传》："西南夷君长以什数，夜郎最大，其西，靡莫之属以什数，滇最大……滇王者，其众数万人，其旁东北有劳浸、靡莫，皆同姓相扶……此皆魋结、耕田，有邑聚。"南盘江流域地区其主体文化为滇文化范围，北盘江流域地区则为夜郎文化范围。西汉元封二年（公元前109年），汉武帝发巴蜀兵，由名将郭昌统帅，先征服曲靖及周边的劳浸、靡莫等部落之后，大兵临滇，滇王降汉，汉王朝一方面在其故地设立了益州郡，另一方面又在滇池地区册封其统治者为"滇王"，在曲靖地区册封其统治者为"辅汉王"。古滇国解体后，中原汉民族大量入滇，内地与滇地的沟通联系得到进一步加强，形成了不少汉族聚居地，汉文化（尤其是楚文化、巴蜀文化）和先进生产技术的传入，加速了滇地经济社会的发展，加速了政治上大一统格局的实现，加速了民族迁徙与融合，加速了滇族最终被汉族同化的步伐，同时开启了中央王朝对云南经略的序幕。曲靖也迎来了一次空前的大发展。

# 两汉及三国时期曲靖的简要史实

西汉初年，中央朝廷对"南中"的经略主要是汉承秦制。曲靖与内地的联系，得到进一步加强。汉武帝时，经过百余年休养生息，中央朝廷势力强盛。建元六年（公元前 135 年），堂琅县（今会泽）、存鄢县（今宣威）（为同年在夜郎之地设置的犍为郡所辖，共十二县）的设立，标志着郡县制在曲靖也是在云南的最早确立。随之，在秦"五尺道"的基础上修筑从宜宾通往牂柯江（今贵州北盘江）的道路，史称"南夷道"。史载，唐蒙"凿石开道，以通南中，迄于建宁，二千余里，山道广丈余"（郦道元《水经注》），称为"僰道"，魏晋时称"朱提道"，唐代称"石门关道"，元、明、清时称"通京官道"或"川滇故道"。古道经曲靖、出马龙、过昆明、入楚雄、抵大理，与"西夷道"交汇（"南夷道"与"西夷道"合称"五尺道"）。元鼎五年（公元前112 年），设置牂柯郡，辖十七县，其中谈稿（今富源）、漏江（今师宗）、宛温（今沾益）、漏卧（今罗平）四县在曲靖境内，标志着郡县制在曲靖的进一步推广。元封二年（公元前 109 年），设置益州郡，辖二十四县，其中味县、铜濑（今马龙）、同涝（今陆良）三县在曲靖境内。汉武帝时期，郡县制已在曲靖全面确立，随着郡县制度的推行，民族融合进一步加深，社会经济发展迈入一个新的阶段。

西汉采取"移民实边、迁民垦殖"政策,除从内地派来郡守、县令等官吏外,还招募、号召内地汉人到曲靖垦荒、屯田,并将平定"南中"的军队就地实行军屯、安家落户曲靖。这些从中原内地迁来的汉人,到了东汉中晚期,其中一部分发展成为大姓势力,而土著部落首领则有一部分发展成为后来的"夷帅"。

东汉时期,曲靖境内郡县基本沿袭西汉设置,只是部分县的归属有所调整,存鄢县(今宣威)并入犍为属国的汉阳县(今贵州赫章),堂琅县(今会泽、东川、巧家一带)并入朱提郡(今昭通),其余各县的隶属未变。公元9年,王莽篡权。公元14年,滇东"僰人"领袖栋蚕、若豆、孟迁率众起义,动摇了王莽政权的统治,支援并推动了内地绿林、赤眉、铜马等起义军。曲靖是此次起义的主要区域,在推翻王莽政权中起到了积极作用,起义军杀了益州郡各地官吏,控制了益州郡大部分地区,一直坚持到建武二十一年(公元45年),沉重打击了东汉的统治基础和地方豪强势力,一定程度上缓解了民族和阶级矛盾,推动了社会与历史的发展。

历经两汉王朝的兴衰更迭,三国时云南变为地狭民寡的蜀汉政权的后花园,曲靖成为蜀国控制云南的要津和与魏吴抗衡的重要后勤供应基地。"南中"历来为巴蜀附庸,从战略位置上讲,"定南中,然后可以固巴蜀;固巴蜀,然后可以图关中"(顾祖禹《读史方舆纪要》),因而"南中"对于三国时的蜀国来说十分重要。刘备三顾茅庐时,诸葛亮"隆中对"提出:"据荆、益,连东吴,西和诸戎,南扶夷越,北抗曹魏,以图中原"的战略原则。"南扶夷越"就是稳定后方"南中",这是"再图中原"的重要环节。建安二十年(公元215年),刘备改犍为属国为朱提郡。建安二十三年(公元218年),蜀国腹地爆发大规模农民起义,很快被镇压,但越巂郡夷帅高定乘机起兵反蜀,揭开"南中"叛乱的序幕。章武三年（公元 223 年），刘备病亡，蜀汉政权内部矛盾激化，各地反叛风起云涌。益州郡大姓雍闿攻杀益州太守正昂，将继任益州太守张裔缚送给吴国。

蜀汉建兴三年（公元 225 年）三月，诸葛亮亲率大军南征，"五月渡泸，深入不毛"，兵分三路征讨：诸葛亮率蜀军主力击越巂高定，丞相参军马忠率偏师伐牂柯朱褒，庲降都督李恢率本部兵马直捣益州郡腹地。诸葛亮率军驱巨兽，烧藤甲，七擒七纵孟获，孟获从大局出发率军归附，在今天的麒麟区石宝山与诸葛亮和盟，立盟誓碑于味县，表示永结同心。诸葛亮、马忠、李恢三军会师味县。平定"南中"后，诸葛亮采取了不少政治措施来巩固蜀汉政权的统治。首先，废去汉朝设立的益州郡改设建宁郡，并将治所由滇池县（今昆明晋宁）迁到味县，下辖18 个县，使曲靖在云南历史上第一次成为独立行政区，并在"南中"四郡基础上进行分郡，调整为"南中"七郡，通过增加职位奖励平叛功臣、拉拢"南中"大姓中的拥蜀派人物，借以加强基层统治力量，譬如任命李恢、吕凯、王伉、马忠、张嶷为建宁、云南、永昌、牂柯、越巂"南中"诸郡太守。其次，吸纳"南中"大姓部曲为"五部飞军"加以利用，征调"南中"大姓中的实力派人物爨习、孟琰等为蜀将军，孟获因"为夷汉所服"而被拉拢为文臣，官至御史中丞。最后，增强驻"南中"的军事管理机构和军事力量，譬如以庲降都督统摄"南中"七郡，建兴十一年（公元 233 年），将庲降都督府驻地由平夷县（今贵州毕节）迁至"南中"腹地味县，任命马忠为都督镇守"南中"达十八年之久，"南中"七郡由 60 县增至 62 县，范围包括今云南全境、川南、黔西、桂西北部分地区以及缅甸、老挝、越南的一部分，使曲靖成为"南中"政治、军事、经济、文化的中心，巩固了蜀汉在"南中"的统治，开创了云南历史的新篇章。

三国时期，左右云南政治数百年的"南中"大姓集团已在滇东大地上悄然崛起。魏灭蜀后，曲靖由蜀汉政权控制的庲降都督府驻地变成魏晋政权控制的"南中"都督府驻地，最终为西晋在"南中"设置宁州打下了基础。

# 两晋时期曲靖的简要史实

　　两晋时期"南中"强大的本地民族的夷帅势力，经过长期的抑制和打击，受到很大削弱，而汉族大姓势力由于受到蜀汉政权的扶持，得到极大提升。中央朝廷与地方实力派的冲突，已由以夷帅势力为主，变成以"南中"大姓为主，利用、分化"南中"大姓势力，镇压"南中"大姓的反叛，成为中央朝廷治理"南中"的一个主要特点。西晋至唐初，中原纷乱，曲靖为爨氏大姓所据。王朝先后在此置宁州、南宁州、郎州，治所均在味县。

　　蜀汉景耀六年、魏景元四年（公元 263 年），魏灭蜀，"南中"七郡归属魏国。泰始元年（公元 265 年），司马氏建立西晋，霍弋统兵镇守"南中"。西晋泰始六年（公元 270 年），将原隶属益州的建宁、兴古、云南、永昌四郡分出，设置宁州。泰始七年（公元 271 年），晋吴交州之战，"南中"都督霍弋派遣由"南中"六大姓组成的晋军往援交州，爨氏、孟氏各领两支家族军队，其余四大姓各领一支家族军队（由此可见爨、孟二氏的家族势力已在其他大姓之上）。太康三年（公元 282 年），晋武帝废宁州入益州，设南夷校尉统之（东晋期间改南夷校尉为镇蛮校尉），校尉一般由刺史兼领。太安元年（公元 302 年），西晋复置宁州，以李毅为宁州刺史兼领南夷校尉。建宁大姓毛诜、李睿与朱提大姓李猛共约驱逐建宁太守杜俊、朱提太守雍约，发动叛乱，被宁州刺史、南夷校尉李毅发兵镇压。太安二年（公元 303 年），又将原属"南中"的牂牁、越巂、朱提三郡划归宁州管辖，同时又将建宁郡西七县划出，恢复两汉时期的益州郡（西晋永嘉二年即公元 308 年曾改为晋宁郡），此后宁州即辖有八个郡（建宁、兴古、云南、永昌、牂牁、越巂、朱提、益州），故设有"八郡监军"一职（见《爨龙颜碑》）。宁州复置后，一直以滇东要地味县为州治。

西晋在全国设置了十九个州，宁州为全国十九个州之一，治所在味县，曲靖成为云南首府。宁州建立后，历任刺史无不以削弱"南中"大姓势力为己任，于是激起了"南中"大姓一次又一次的反叛。今曲靖辖县除漏卧、堂琅分属兴古、朱提郡外，其余各县均属建宁郡。李毅之后王逊为宁州刺史兼领南夷校尉时，将宁州八郡分为十六郡。东晋咸和九年（公元 334 年）春，又将宁州分为宁州、交州两州，以霍彪为宁州刺史、爨琛为交州刺史，封李寿为建宁王，节制两州。东晋不断把"南中"诸郡分小，意在分化大姓、夷帅势力，反而导致"南中"兼并冲突升级，割据战乱重开。咸和八年（公元 333 年），爨氏攻陷宁州。咸康五年（公元 339 年），宁州大姓孟彦、霍彪两大势力在相互争斗中同归于尽，"建宁太守孟彦率州人缚宁州刺史霍彪降晋"，之后，建宁王李寿派兵追杀孟彦，爨氏因之独大（其实，晋吴交州之战中，爨、孟二氏组建的两支援军，人死部亡，而霍氏却坐收渔翁之利，就加剧了爨、孟与霍氏之间的矛盾，为将来的火并埋下伏笔。霍氏为外来，爨、孟乃本乡同郡同党，爨琛、霍彪同为刺史，而作为爨氏党羽的孟氏，在爨氏集团的支持下，代表地方势力打击霍氏，目的是向晋朝廷邀功）。

以交州刺史爨琛为代表的爨氏家族势力，乘势吞并其他大姓，开始称霸并控制"南中"地区，结束了"南中"大姓长期纷争之局面，统辖"南中"达四百余年，始有爨文化作为地域文化之说。曲靖是爨氏的发祥地，"爨氏"为南中大姓之首，蜀汉时开始崭露头角，到东晋已日臻强盛，按境界分东、西二爨（即《爨龙颜碑》所说"东西二境"），也称乌蛮（东爨）、白蛮（西爨）。

"南中"由于地处边陲，远离统治中心，王朝鞭长莫及，从而避免了中原大规模、长时间战乱及其导致的社会动荡，总体上属于相对安定的一个区域。南中的地域文化分为两类，一类是以占人口多数的夷人为代表的土著夷文化，另一类是以南中大姓为代表的中原汉文化。至今保存完好的"大小二爨碑"，其"文体书法得汉、晋正传"，说明中原汉文化传入南中地区后，经过融合发展，逐渐取代了夷文化，成为多元体、复合型的主流汉文化。

# 南北朝时期曲靖的简要史实

在南北朝对峙的局势中，宁州由于地理位置特殊，常常成为双方争夺的目标。曲靖境内郡县设置基本沿袭晋制，变化不大。王朝主要依靠爨氏大姓对宁州实行统治。

东晋义熙十一年（公元 415 年）三月，为剪除政敌，晋相国刘裕西征驻扎江陵的宗室大臣司马休之，平定江陵后，刘裕加领南蛮校尉，爨龙颜乘"相国西征"，迁任"南蛮府行参军"，充当了刘裕的重要幕僚。东晋元熙二年（公元 420 年，南朝宋永初元年），刘裕称帝，刘宋立国，爨龙颜以三品龙骧将军职衔荣归故里，成为爨氏家族历史上最显赫的人物之一。

宋元嘉九年（公元 432 年），爨龙颜领宁州两大要职宁州刺史、镇蛮校尉于一身，集宁州军、政大权于一体。爨氏称霸"南中"后，除世代相袭宁州刺史职外，郡县长官亦多由爨氏出任。南朝时期，宁州辖建宁等 17 个郡，今曲靖辖境属建宁郡。爨氏家族成为宁州的实际控制者，形成以曲靖为中心的爨氏统治区，权势盛极一时。至今保存完好的《爨龙颜碑》碑阴题名，便是物证：碑阴题名的职官中，爨氏 10 人，孟氏 6 人，其中三府（龙骧将军府、宁州刺史府、镇蛮校尉府）主簿以上要吏 24 人，爨、孟二氏占 13 人，特别是长史、司马、别驾、参军、主簿五大要职，全部为爨氏所据。

宋元嘉十八年（公元441年），晋宁郡太守爨松子不服宋王朝的节制，发动叛乱，被宁州刺史徐循镇压。刘宋王朝统治期间，共派遣13人先后任宁州刺史，反映了王朝中央与爨氏地方势力之间政治斗争的激烈。至南朝建元元年（公元479年），南朝萧齐建国，已经无力控制"南中"，《南齐书·州郡志下》载："宁州，镇建宁郡，本益州南中，诸葛亮所谓不毛之地也。道远土脊，蛮夷众多，齐民甚少，诸爨、氐强族，恃远擅命，故数有土反之虞。"

北魏太和十九年（公元495年），北魏进军并征服了益州，南齐皇帝萧鸾派遣宁州刺史董峦领兵救援，被北魏平南将军王肃打败，董峦父子被生擒，北魏夺取了南齐的益州，之后积极拉拢、招降宁州，任命爨氏首领爨云为"使持节骠骑大将军开府仪同三司宁州刺史同乐县侯"。

梁大同九年（公元543年），萧纪任命徐文盛为宁州刺史，恢复对宁州的统辖。梁太清二年（公元548年），徐文盛离任，宁州复归爨氏统治之下。公元558年，益州为北周所有，即命益州刺史兼理宁州军事，遥授爨瓒为宁州刺史，爨瓒则以上贡纳赋的形式臣属北周，北朝从此建立了对益州稳固的统治，同时也直接导致南朝再也未能恢复对宁州的统治。爨氏称霸"南中"虽奉中央王朝为正朔，但屡屡不服管治，故有"维南宁夷帅爨震恃远不宾"（《隋书·梁睿列传》）之说。北朝北周大象二年（公元580年），北周将领梁睿征讨发动叛乱的王谦，领军20万进入益州，四夷归服，爨瓒之子爨震承袭宁州刺史职务，"而震臣礼多亏，贡赋不入"（《隋书·梁睿列传》），于是梁睿向北周大丞相杨坚两次上书，建议讨伐。

宁州后来改名为南宁州（因北魏已设置宁州于甘肃彭元，为区别"南中"的宁州，则将彭元的宁州改称北宁州，"南中"的宁州改称南

33

宁州），"南宁"一词由此在曲靖历史上出现。宁州首郡建宁郡下辖13县，历经整个东晋、南北朝，是整个宁州变化最小、最稳定的一个地区。建宁13县为：味（今麒麟区）、同乐（今陆良）、谈稿（今富源）、牧麻（今寻甸、嵩明）、漏江（今泸西）、同濑（今马龙、沾益）、昆泽（今宜良）、新定（今威宁、盘县）、存马邑（今宣威）、同并（今路南）、万安、毋单（今弥勒）、新兴。

# 隋朝时期曲靖的简要史实

公元581年，隋朝建立，但曲靖辖境仍为爨氏家族所控制。隋朝时期的曲靖，伴随着中央朝廷与爨氏家族对"南中"控制权的博弈，发生了一系列朝廷对地方势力进行打压和利用的反复过程。

隋朝初年，基本沿袭北朝时的州、郡、县三级行政体制。开皇四年（公元584年），隋朝在曲靖设置南宁州总管府。开皇五年（公元585年），隋朝任命韦冲为南宁州总管，统兵镇守，持节抚慰，置恭州、协州、昆州归总管府统辖，昆、协、恭三州即北周时期的朱提、建宁、兴古三郡。今麒麟区、陆良县、马龙县、沾益县属昆州辖地，会泽县属恭州辖地。隋朝改州、郡、县三级为州、县二级，以州代郡，取消了郡这级机构，任命宁州刺史爨震之子爨翫为昆州（昆明、曲靖一带）刺史，利用其家族势力维护对西爨的统治。爨氏豪强恃远擅命，加之隋朝委派的南宁州总管韦冲傲慢自大又治理无方，引发爨氏反隋叛乱，韦冲被以爨氏为代表的地方势力驱逐，导致了隋文帝杨坚两次派大军征讨南宁州。

为消除爨氏及"南中"各地各部族割据势力，开皇十七年（公元597年）二月，隋文帝任命史万岁为领军统帅（行军总管）征讨南宁州，"擒爨翫，爨翫重金贿赂得脱"。次年，爨翫复叛，蜀王杨秀（杨坚之四子）奏史万岁"受贿纵贼，致生边患，无大臣节"，隋文帝大怒，决定处死史万岁，后经众大臣说情，被削职为民。开皇十八年（公元598年），隋文帝命令杨武通为领军统帅（行军总管），刘哙之为前锋，蜀王杨秀派人监军，征讨南宁州，再次生擒爨翫及其子爨弘达，并俘其全家回朝，隋文帝怒而诛杀了爨翫，加强了对"南中"的武力控制。《新唐书·两爨传》记载："隋末，蛮酋爨翫反，诛，诸子没为奴，弃其地。"

在南宁州地面上发动的两次大规模军事征讨，不仅彻底摧毁了南宁州的政权，重创了当地社会经济，也沉重打击了爨氏统治势力，严重破坏了自汉代建立的味县城，为唐朝新建石城埋下了伏笔。但隋朝残酷的镇压并未能完全控制"南中"地区，也没有彻底解决以爨氏为代表的"南中"豪强势力，爨氏的其他首领及土酋夷帅们继续占据"南中"。最终，因为鞭长莫及，隋朝放弃了对南宁州的管控，也中断了与爨地的联系。

# 唐朝时期曲靖的简要史实

　　武德元年（公元 618 年），唐朝建立，唐承隋制，仍置南宁州。唐高祖李渊吸取隋朝教训，对爨氏地方割据势力由镇压改为利用，并恢复了由隋朝所置后来废弃的"南中"诸州县，释放并任命爨翫之子爨弘达为昆州（今昆明、曲靖一带）刺史，令其"持父尸归葬本乡"。武德四年（公元 621 年），巂州治中吉弘伟受朝廷委派巡视南宁州，升南宁州为总管府，管辖九州：南宁、恭、协、昆、尹、曾、姚、西濮、西宗。但中央朝廷并没有派遣总管及其官吏到南宁州上任，而是"寄治益州"，由昆州刺史爨弘达代表中央政府维持南宁州局面。武德七年（公元 624 年），唐高祖李渊又派遣巂州都督府长史韦仁寿代表朝廷，再度巡视南宁州，再升南宁州总管府为都督府，任命韦仁寿为都督，调整设置并管辖"七州十五县"，并于次年批准韦仁寿的建议，将都督府由益州迁到南宁州味县，以便中央朝廷对南宁州实施直接有效的统治。唐太宗李世民即位后，任命党仁弘为新的南宁州都督，并派遣其到南宁州上任。至此，唐朝在云南的统治逐渐趋于稳固。

　　贞观六年（公元 632 年），南宁州都督府被撤销，贞观八年（公元 634 年），改南宁州为郎州，又恢复为郎州都督府，永徽二年（公元 651 年），郎州都督府又被撤销，之后被置于远在四川边地的戎州都督府治下。开元五年（公元717年），又恢复了南宁州都督府，但受戎州都督府节制。这期间，首任南宁州都督韦仁寿率军民建筑了一个新府城——"石城"（关于石城故址，曲靖的地方史专家存在多种争议，主要有三说：一说在今天的原69医院及小坡一带，另一说在今天的沾益太平一带，还有说在麒麟西路以北的古城一带）。

曲靖爨氏因得到朝廷默认，逐渐消灭了滇东第二大世家孟氏，在武后、玄宗期间，发展到了家族最鼎盛时期，形成独霸滇东的局面。南宁州都督爨归王吞并升麻川（今寻甸），两爨大鬼主（鬼主，即宗教和政治首领，既是部落直接统治者，又是神职人员、祭祀主持人。信奉"鬼教"，其实就是祖先崇拜，鬼主便是祖先的化身，能沟通天、地、人三者间的关系，具有人神参半的特殊身份。这样一种身份，使鬼主在部落中拥有至高无上的权力，而这权力是爨氏家族赖以统治基层的神化力量）爨崇道吞并曲轭川（今麒麟越州），爨崇道之弟爨日进、爨日用盘踞在诸爨要冲的安宁城。

天宝初年，唐朝经营云南的重点转移到滇东地区，外部势力介入后，滇东传统的力量平衡被打破，爨氏家族内部开始分化。在宰相杨国忠的秘密策划下，姚州都督李宓唆使利令智昏的爨崇道，毒死了自己的叔父、爨氏家族的主心骨南宁州都督爨归王，妄图取而代之，之后又害死了自己的亲兄弟昆州刺史爨日进，以帮助李宓等控制安宁城。爨归王的妻子、东爨乌蛮部落酋长之女阿姹"誓复夫仇"，从乌蛮部落搬来援兵对抗爨崇道，又向崛起于洱海地区、同样出身乌蛮且得到朝廷扶持的南诏求助。开元二十六年（公元738年），为奖励统一了洱海周边六诏的南诏首领皮逻阁，册封其为"南诏王"。皮逻阁老谋深算，不仅为爨归王的儿子爨守隅向朝廷申请袭任其父之职（南宁州都督），得到唐王朝批准后，还以"化解阿姹与爨崇道两家矛盾"之名，把自己的两个女儿分别嫁给阿姹之子爨守隅和爨崇道之子爨辅朝，以图控制爨氏家族。不久，皮逻阁又以援助阿姹为名，发兵杀了爨崇道父子，"尽俘其家族羽党，尽灭诸爨领主，占有爨区"。自此，南诏通过阿姹母子，控制了滇东与滇中地区。

皮逻阁去世后，唐朝为了更好地在云南推行"以夷制夷"政策，不仅批准阁罗凤继任南诏王，还批准他在朝廷为质的长子凤迦异返回云南，继承其父的阳瓜州刺史职务。阁罗凤即位后，把阿姹及妹妹和妹夫爨守隅迁往洱海地区，以便进一步控制。《新唐书·列传第一百四十七下·南蛮下》记载："唐天宝七年（公元748年），爨氏内讧，相互残杀，崛起于洱海之滨的少数民族政权南诏的阁罗凤趁机率军攻陷石城，占领两爨之地后，为彻底削弱爨氏势力，命令进驻爨区的昆川城使杨牟利以武力胁迫西爨，迁徙爨区二十余万户到滇西永昌，彻底瓦解了爨氏势力。"

云南"两爨、六诏"时期，曲靖及周边区域属东、西二爨所辖。公元749年，南诏在唐剑南节度使扶持下，建立南诏国。天宝十年（公元751年），唐朝鲜于仲通率师至曲靖，阁罗凤向吐蕃求援，唐军大败，南诏割据云南成为事实。南诏统一云南后，设郡置县，曲靖及周边区域除东川郡、石城郡、建水郡等外，还设置"三十七部"（"夷语以县为部"）。到了天宝十三年（公元754年），南宁州全境尽归南诏，即历史上著名的"南诏灭爨"。唐永泰元年（公元765年），南诏置拓东城，设拓东节度使控制整个爨区，结束了爨氏家族统治"南中"的历史，曲靖失掉昔日云南中心地位，滇东乌蛮称雄，促成滇东三十七部崛起。西爨白蛮大量西迁后，散居山林的东爨乌蛮逐渐移居平地，形成若干部族，其中有"三十七部"较大，以石城郡为中心，以滇东乌蛮为主体，据地成为南诏国之部区（为拉拢这些势力，南诏不仅封赐其首领且承认其割据地盘）。滇东三十七部，位于今天曲靖市辖区的有八部：閟畔部（东川、会泽、巧家）、磨弥部（麒麟、沾益、宣威、富源北部）、纳垢部（马龙）、普摩部（麒麟越州）、落温部（陆良）、师宗部（师宗）、罗雄部（罗平）、夜苴部（富源）。

这一时期，相互争战和发展不平衡是曲靖的主要特点。爨氏自三国崛起、东晋称霸"南中"，历南北朝、隋、唐，奉中央政府为正朔，得中央政府封号，向中央政府贡赋，中央政府依托爨氏统辖"南中"。南诏灭爨后，云南的政治、军事、经济及文化中心由滇东地区（曲靖）转移到洱海地区（大理），设拓东节度使（昆明）管辖石城郡、东川郡，结束了曲靖长达五百年的云南中心地位。唐贞元十年（公元794年），南诏置石城郡于味县，统辖磨弥部（今麒麟、沾益、宣威、富源）、普摩部（今麒麟越州）、纳垢部（今马龙）、落温部（今陆良）、师宗部（今师宗）、罗雄部（今罗平）、夜苴部（今富源）、落蒙部（今石林）、弥勒部（今弥勒）、仁德部（今寻甸）、沙摩部（今寻甸西部）、于矢部（今贵州普安、盘县和富源北部）十二部，閟畔部（今东川、会泽、巧家）隶属东川郡，为东川郡的郡治所在地。

南诏国及后来的大理国均在石城设石城郡，统辖"乌蛮三十七部"。此期，石门道在汉僰道的基础上拓修启用。

# 五代十国、两宋时期曲靖的简要史实

"滇东三十七部"崛起于南诏中后期，既是部落名称，又是地方组织，相当于三十七个县，属于南诏政权举足轻重的一支力量。此时，中原朝廷腐败无能，民族矛盾激化，强族林立，各贵族割据势力之间频繁发动战争，社会动荡，经济凋敝，生灵涂炭。唐朝天复二年（公元902年），南诏权臣郑买嗣灭蒙氏王族篡位自立，改国号为"大长和"，结束了南诏国对云南的统治，此后三十五年间，各种激烈的社会矛盾并未缓解，政权几经易手，大长和国、大天兴国、大义宁国不断更迭。

大理国在建国之初，得益于"滇东三十七部"的帮助。后晋天福二年、南唐升元元年（公元937年），大义宁国国王杨干贞欲杀通海节度使段思平，段思平与其弟段思良"借兵东方"，亲赴石城，得到其舅父"滇东三十七部"盟主爨判的大力援助，借得十万余兵，攻占了太和城（今大理市南），打垮了杨干贞，灭了大义宁国，建立了大理国。段思平即位后，对"滇东三十七部"免除徭役，大行封赏，封爨判为巴甸侯，乌蛮各部落及首领皆有封赐，且"世禄世官"。段思平通过赏赐、联姻、结盟等措施，将"滇东三十七部"纳入其统治集团，成为段氏政权在滇东的支柱。但"滇东三十七部"之间以及大小部落之间，势力此消彼长，攻伐、兼并不断，一直进行着分化与重组。

大理国前期，承袭南诏的政治制度，建立以军事统治为主的节度、都督制，将行政区划分为：十赕（州）、六节度、二都督。拓东节度管辖滇中和滇东两大地区。后来撤销了节度和都督的军事管辖，在政权腹心区设府，在部族聚居区设郡，在边境偏远区设镇，府、郡、镇为一级行政区划，同时改甸为部，各部隶属所在地的府、郡、镇统辖。曲靖区域以石城郡为中心，隶属拓东节度。石城郡的设置及政治地位，为元代在曲靖设路奠定了基础。大理国明政三年、宋朝开宝四年（公元971年），滇东、滇南爆发大规模叛乱，大理国国王段素顺派出大军东征平叛，在石城会集三十七部首领颁职赐赏，歃血盟誓，用黄金、朱砂为证物，表示结盟之心如黄金般坚硬，似朱砂般赤诚，并刻石立碑，永传后世，史称"石城会盟"。"段氏与三十七部会盟碑"现存曲靖一中，这一史实开创了云南世居的两大民族（白族和彝族）大团结的先河，是中华民族团结史上的一个丰碑，一定程度上恢复和发展了曲靖的封建领主制，促进了当时社会生产关系的改善和发展。

宋绍圣元年（公元1094年），大理国权臣高升泰废大理国国王段正明自立，取代段氏统治。宋绍圣三年（公元1096年），"高升泰有疾，遗命还国段氏而卒，居位两年"。宋绍圣四年（公元1097年），"段正淳立，改称后理国，以高升明为相"。虽还国于段氏，但高氏家族，一直实际掌控着朝政大权，直至大理国灭亡。这一阶段，"滇东三十七部"与高氏把持下的段氏政权的关系已经由团结协作走向了分裂、反叛乃至对立。

宋淳祐十二年、大理天定元年（公元1252年），忽必烈率蒙古大军分三路征大理，大理相国高祥募兵于滇东，但三十七部没有像先前那样闻风而动，积极响应。第二年，忽必烈攻占了大理。宋宝祐二年、大理天定三年（公元1254年），蒙古大将兀良合台攻陷鄯阐城（昆明），生擒大理国国王段兴智，大理割据政权宣告结束。兀良合台继续率兵东进，攻下石城郡，平定了"滇东三十七部"，整个云南皆归属蒙元。依照史实推算，"滇东三十七部"最后的局部统治，持续到明朝中叶改土归流之后，前后加起来有1300年左右。

两宋时期，邕州道开通，对曲靖与中原王朝的联系和交流产生积极作用（邕州道，指从邕州通向大理国鄯阐府的一条商道，是南宋获取大理马的通道，在历史上曾起过重要的交通枢纽作用）。

# 元朝时期曲靖的简要史实

南宋宝祐五年、元宪宗七年（公元 1257 年），兀良合台在原大理国行政区划的基础上设置万户、千户、百户，在大理设置元帅府，统辖大理、鄯阐、北路、中路、南路 5 个总管府，对云南实行军事统治。中路总管府驻石城，统辖磨弥、落蒙、罗伽 3 个万户府。磨弥万户府驻石城，辖石城千户（今麒麟）、普摩千户（今越州）、纳垢千户（今马龙）和易隆百户等；落蒙万户府驻路南，辖落温千户（今陆良），师宗千户、弥勒千户等；会泽、寻甸属北路总管府的闟畔万户。南宋景定五年、元至元元年（公元 1264 年），在滇中、滇东地区爆发了舍利畏领导的大规模武装起义，沉重打击了蒙古贵族统治势力。

南宋咸淳三年、元至元四年（公元 1267 年），忽必烈加封第五子忽哥赤为云南王。南宋咸淳七年、元至元八年（公元 1271 年），忽哥赤在权力矛盾角逐中被地方军政长官合谋毒死。当年五月，为了削弱地方势力，将"滇东三十七部"划出，分为南、中、北 3 路，设总管和达鲁花赤统辖，总管负责行政，达鲁花赤负责军事。中路总管驻石城，管辖磨弥和落蒙两个万户府。磨弥万户府下辖石城千户（今麒麟）、普摩千户（今越州）、纳垢千户（今马龙）等；落蒙万户府下辖落温千户（今陆良），师宗千户、弥勒千户等；闟畔万户府（今会泽）隶属于北路总管府。至元十一年（公元 1274 年），忽必烈任命亲信大臣赛典赤·瞻思丁为云南行中书省平章政事，主持云南政务。至元十三年（公元 1276 年），行政中心由大理迁到中庆（今昆明），云南行省正式建立，为全国十一个行省之一。又一个五百年轮回，云南的统治中心由洱海地区（今大理）移到滇池地区（今昆明）。

云南行省的确立，再次把云南纳入中央大一统体制之下，结束了长达五百年的分裂割据局面，促进了各民族的交融。赛典赤·瞻思丁改万户、千户、百户为路、府、州、县，改中路总管府为曲靖路总管府，将石城千户改为南宁州，普摩千户改为越州，落温千户改为陆凉州，纳垢千户改为马龙州，置沾益州。曲靖路总管府下辖南宁州、越州、马龙州、罗雄州、陆凉州、沾益州、仁德府。马龙州辖领通泉县（今马龙旧县镇），罗雄州辖领亦佐县（今罗平以北至富源东南一带），陆凉州辖领芳华县（今陆良芳华镇）、河纳县（今陆良大莫古镇），沾益州辖领交水县（今沾益）、石梁县（今宣威）、罗山县（今富源），仁德府辖领归厚县（今寻甸古城）、为美县（今寻甸北部），共计 16 个州县，治所在南宁州。"曲靖"作为专有地名首次出现并沿用至今（探究"曲靖"名称的起源与由来，争议颇多。普遍的说法是根据《徐霞客游记》的记述"曲靖者，本唐之曲州、靖州也，合其地置府，而名亦因之"，认定曲靖乃曲州和靖州合名而来，此说法有附会之嫌，因为唐代设置的曲州、靖州，在昭通和贵州，并不在曲靖；另有一些人认为曲靖之曲，意思是少数民族各部曲，而靖，指各部曲平定安宁，类似于绥远、镇远、北平等地名取法，此说法有臆断之嫌）。元朝统一全国后，广建学校，推行儒学，开科取士，遍置驿传，进一步加强了与内地的联系，强力实行军民屯田，开启了曲靖屯垦戍守的先河，也极大促进了人口流动、民族融合、经济发展，文化进步，为明代开展更大规模的屯田打下了基础。

至元二十二年（公元 1285 年），改南宁州为南宁县。至元二十五年（公元 1288 年），改曲靖路总管府为曲靖路宣抚司，辖曲靖路、澄江路、普安路、仁德府、普定路。会泽属东川路，隶属乌撒（今贵州威宁）、乌蒙（今昭通）宣慰司；师宗属广西路，隶属临安广西元江宣慰司。至元二十八年（公元 1291 年），改曲靖路宣抚司为曲靖路宣慰司管军民万户府。其间，开始任用土官，设置土官制度，并准许世袭，开启了云南土司制度的先河。

至元二十八年（公元 1291 年），赛典赤·瞻思丁派爱鲁开辟乌蒙路，即东驿道，至元三十一年（公元 1294 年）正式开通，改变了历史上中央王朝经略云南必以四川为据点的局面，由云南从胜境关入贵州出湖南的"通京官道"随之开通，取代了由成都至宜宾入云南期间"五尺道"交通线的主导地位。

# 明朝时期曲靖的简要史实

明洪武十四年（公元 1381 年）九月，朱元璋以颍川侯傅友德为征南将军，永昌侯蓝玉、西平侯沐英为左右副将军，领军 30 万征云南。元梁王把匝剌瓦尔密派遣司徒平章达里麻（行省丞相），率领精兵 10 余万赶赴曲靖抗拒明军，筑防于白石江南岸，明军则沿白石江北岸扎营，形成两军对峙之势，战场沿江绵延十数里，云南历史上从古至今规模最大的一场战役，史称"一战定云南"的"白石江战役"拉开序幕。达里麻兵败被俘，明军攻克石城，又乘胜占领昆明，第二年攻占大理，接着又分兵征服滇西各地，平定了云南，完成了全国的统一（关于"白石江战役"，史家的观点褒贬不一，普遍认可当年的白石江是一条"江面宽阔水流湍急"的汹涌大江，而徐霞客实地考察后则认为白石江是一条"源短流微的小江"，容纳不了这样大规模的战役，是沐英为了向朝廷邀功请赏，有意夸大，导致记载不实）。

明朝初年，在元朝基础上继续实行规模空前的军屯、民屯、商屯，中原汉族大量迁徙入滇，促进了经济社会发展和儒家文化传播，封建领主经济逐渐解体，地主土地所有制逐步形成。如今在曲靖辖境仍然保留着的营、旗、所、屯、圩、堡、哨等地点名称，就是元、明两代屯田的历史见证。明朝平定云南后，政治上土流并用，土官世袭，流官委任，虽然把最大的农奴主段氏和蒙古贵族迁往北方安置，但其他土著割据势力仍然不断挑起反叛。

　　明朝设布政使司管行政，设都指挥使司管军事，设提刑按察使司管刑法，称为"三司"。布政使司下设府、州、县。洪武十五年（公元1382年），改曲靖路为曲靖府，治所在南宁县（今麒麟），辖南宁、亦佐二县和沾益、陆凉、马龙、罗平四州及寻甸府。东川府（今会泽）改属四川布政使司川南道；沾益州（今宣威）明初隶属曲靖府，洪武十六年（公元1383年）改属贵州都指挥使司乌撒卫，永乐元年（公元1403年）又改属曲靖府；师宗州隶属临元兵备道之广西府。都指挥使司下设卫、所。五千六百人为一卫，一千一百二十人为一所，一百二十人为百户所。设置在曲靖府的有：曲靖卫，辖6个所；越州卫，辖2个所；平夷卫，辖2个所；六凉卫，辖5个所和马隆守御所、定雄守御所。共计4个卫、17个所。明代的卫、所有一套完整的管理制度，军户世代为军，子孙皆有服役义务，且不准改变。凡军籍归都指挥使司，隶属兵部；凡民籍归布政使司，隶属户部；匠籍则隶属工部。

　　洪武二十年（公元1387年）开始在胜峰山（今寥廓山）下建造新府城，取代石城，历时三十三年，直到1420年完成，改称南宁县（即曲靖老城的前身）。洪武二十七年（公元1394年）四月，升曲靖府为曲靖军民府，府治仍在南宁县。

　　明朝在云南实行改土归流政策，主要通过削袭、除职等方式，引起各地土官的强烈反抗，在曲靖以越州土官阿资父子的叛乱为最，朝廷动用了大量军队历时八年（1387—1395年）才平定其三次叛乱。明朝在曲靖设置的土司主要有：曲靖安置土宣抚使恭氏；东川（驻会泽）禄氏世袭土司；沾益（驻宣威）安氏世袭土知州；平夷卫（驻富源）龙氏世袭土官；陆良州资氏世袭土官；马龙州安氏世袭土官；罗雄州者氏世袭土官；越州海氏世袭土官；亦佐县土县丞沙氏；师宗州土同知珑氏等。

成化十二年（公元 1476 年），明朝在云南设置四个兵备道。其中，曲靖兵备道下辖：曲靖、寻甸二府；曲靖、平夷、越州、陆良四卫；木密、凤榜、杨林、马隆四所。师宗隶属临元兵备道广西府，东川府（驻会泽）改属四川布政司。

为了加强对云南的统治，明朝在曲靖设置邮传，六十里置一驿，有南宁驿、白水驿、沾益驿、倘塘驿、可渡驿、炎方驿、松林驿、马龙驿等十个驿。同时，在曲靖府、州、县辖境内距城较近的关隘，设白水关、松韶铺、十里铺、遵化铺、阿幢桥等巡检司分治，加强与内地的联系。弘治七年（公元 1494 年），增设陆凉州流官知州、马龙州流官知州各一员。弘治八年（公元 1495 年），裁撤曲靖土官知州。

明代大规模军民屯田，给曲靖社会经济带来重大变化，大量汉民迁徙定居曲靖，汉族人口逐渐超过当地土著民族，逐渐变成主体民族，曲靖真正融入了华夷交融的民族共同体进程之中。

明代，东驿道成为中原进入云南的第一通道，富源胜境关成为入滇第一关。崇祯十一年（公元 1638 年），明代地理学家、旅行家徐霞客两次往返曲靖，在曲靖停留、考察了十余日。

# 清朝时期曲靖的简要史实

明朝崇祯十七年、清朝顺治元年（公元 1644 年）三月，李自成领导的农民起义军攻克北京，推翻了明王朝。明朝山海关守将吴三桂投降清军，引清军入关。明永历元年、清顺治四年（公元 1647 年），大西军张献忠余部在孙可望、李定国、刘文秀等人率领下由黔入滇，攻陷曲靖，进占昆明，控制了云南，并以云南为基地，开展"反清复明"战争。不久，起义军内部发生严重矛盾并导致分裂。明永历十一年、清顺治十四年（公元 1657 年），孙可望率十四万大军由贵州进攻在云南的李定国、刘文秀部，两军决战于曲靖三岔，孙可望大败，逃往贵州，后变节投降清军。明永历十二年、清顺治十五年（公元 1658 年）四月，清军分三路进攻云南的大西军，大西军分兵迎击失败后，李定国、沐天波携永历帝向滇西溃退；十二月，三路清军会师曲靖，滇东各州县望风归顺。南明永历十三年、清顺治十六年（公元 1659 年），清军进占昆明，平定了云南。南明永历十五年、清顺治十八年（公元 1661 年），永历帝逃亡缅甸，南明政权灭亡。康熙元年（公元 1662 年），缅王迫于压力，将永历帝朱由榔送交清军带回昆明，永历帝父子及眷属 25 人在昆明篦子坡被清军用弓弦勒死。

康熙十二年（公元 1673 年），吴三桂起兵反清，率军三万经曲靖入黔与清军对阵。康熙二十年（公元 1681 年）吴三桂大败，征南大将军赖塔率清军抵曲靖，伪总兵尹士元、伪道员刘世忠率众出城迎降，清军再次平定了云南。

　　清朝恢复元朝的行省名称，改明朝的布政使司为云南省，设巡抚，并设云贵总督在云南、贵州互驻。康熙元年（公元1662年）改云南总督驻曲靖，至康熙三年（公元1664年）止，并云贵总督，驻贵阳。康熙二十二年（公元1683年），移驻昆明。省以下设道、府、厅、州、县。康熙三十八年（公元1699年），东川土知府病故，清廷不再承认土知府在东川的地位，形式上已改为流官，控制该区域的六营土目反抗改土政策，鄂尔泰派兵进驻东川，尽革东川六营土目。康熙、雍正年间的改土归流，促进了社会发展，缩小了曲靖与内地的差异。雍正四年（公元1726年），云贵总督逮捕沾益土知州安于藩，迁置于江南，另行委派流官管理沾益。雍正五年（公元1727年）裁撤沾益土知州（驻宣威），分设宣威、沾益二州，东川府（今会泽）从四川划归云南。雍正八年（公元1730年），置迤东道，治所先设于寻甸，乾隆年间曾迁驻南宁府城（今麒麟区）。"迤东道，驻寻甸州城，后徙曲靖府城，初辖云南、临安、澄江、广南、曲靖、普洱、开化、东川、昭通、广西、武定、元江、镇沅13府，乾隆三十年以云南、武定属盐法道，临安、普洱、元江、镇沅4府州属迤南道。清末辖曲靖、东川、澄江、昭通、镇雄、广西6府、州"。移民屯田垦殖，发展了农业，繁荣了商业，带动了工业，譬如东川府铜矿开采业成为当时全国之最。儒家文化在曲靖进一步广泛传播，曲靖府总计有书院18处以上，义学50余处，培养了不少举人、进士。乾隆三十年（公元1765年），改曲靖军民府为曲靖府，府治仍在南宁县，下辖南宁、平彝（今富源）二县和沾益、宣威、马龙、罗平、寻甸、陆凉6州，除师宗县隶属广西直隶州，会泽县隶属东川府巧家厅外，基本形成曲靖市现行行政区域。为巩固统治，裁撤卫、所等军事机构，建立绿营兵制，原卫、所军士变兵为民。

咸丰六年（公元 1856 年），在沾益西郊爆发与滇西杜文秀起义遥相呼应的滇东马联升回民起义。咸丰七年（公元 1857 年），马联升占据沾益州城。同治元年（公元 1862 年），马联升进驻曲靖府城，杜文秀封授马联升为"定北大将军"。同治三年（公元 1864 年），马联升兵败被杀。马联升起义坚持了八年，起义军以曲靖、沾益为中心，控制了滇东大部分地区，沉重动摇了清王朝在云南的统治。

清朝在所有州、县普遍设立关哨汛塘，并派兵丁驻守，盘查往来行人，维护道路通畅。设置在曲靖范围内的关哨汛塘共有三百多处，这些关哨汛塘，逐渐发展成为星罗棋布的村落屯寨，对开发曲靖山区，促进人口流动、经济发展，为曲靖迅速由封建领主制过渡到地主土地所有制创造了条件、提供了基础。

清末提倡"废科举""兴学堂"，逐步把"书院""义学"改为兼习西学的中、小学堂，这是曲靖教育史上近代教育的萌芽。清光绪二十八年（公元 1902 年），宣威州首改榕城书院为小学堂，陆凉州也相继建立学堂。光绪三十一年（公元 1905 年），曲靖知府秦树声遵照朝廷颁布的《学堂章程》，把胜峰书院改称曲靖府中学堂。翌年，曲靖府属州县小学堂达 179 所。同时，陆良女子初级小学、乙种农业学堂、会泽初等师范学校相继问世，开创了曲靖区域女子入学、职业技术教育、师范教育的先河。咸丰《南宁县志》记载，南宁县有书院 3 所：曲阳书院、靖阳书院和兴古书院；义学 10 所：府义学、越州义学、南城义学、三岔义学、石喇义学、秦家寺义学、东海义学、白水义学、总镇义学、协镇义学。

清代，滇剧、花灯等戏剧演出和洞经音乐表演活动在曲靖各府县开始兴盛。滇剧诞生于曲靖，成为戏剧界的共识。

# 民国时期曲靖的简要史实

　　清朝宣统三年（1911 年）10 月 10 日，武昌起义爆发，以黄毓英、唐继尧等为代表的曲靖有识之士积极组织和投身云南"重九起义"和护国运动，为推翻中国最后一个封建帝制、建立共和政体做出了可歌可泣的历史贡献。1912 年 2 月 12 日，清帝发布退位诏书，中华民国建立，废南宁县入曲靖府。民国二年（1913 年），"奉中央政府令：一律裁府州改县"，各县直属省府管辖，撤销曲靖、东川府，改南宁县为曲靖县（"南宁"这个在曲靖历史上用了很久的称谓，被原名为邕州的广西首府使用；一直以来，曲靖仍以一些地方的命名来缅怀历史）。改沾益、宣威、罗平、陆良、马龙、寻甸 6 州为县。平彝（今富源）、东川（今会泽）2 县仍沿用旧名。除师宗属蒙自道监察区外，其余曲靖各县都属滇中道监察区。民国四年（1915 年）12 月，袁世凯宣布称帝，改国号为中华帝国，建元洪宪，史称"洪宪帝制"，此举遭全国反对，引发护国运动，1916 年 3 月被迫取消帝制，6 月袁世凯在各方的唾骂声中去世。经过护国、靖国、护法诸役，云南形成以唐继尧为核心的滇系军阀。民国十六年（1927 年），唐继尧死后，龙云与胡若愚为争当"云南王"发生激烈武装冲突，龙云所部两度围困曲靖城。此后，云南被以龙云为核心的滇系军阀统治长达 18 年。

民国十六年（1927年）7月，中共云南特委指派陈祖武回东川开展建党工作，建立了曲靖第一个党组织：中共东川支部，由陈祖武任支部书记。12月，中共云南临时省委成立，陈祖武调回昆明，由蒋开榜接任支部书记。民国十八年（1929年）1月，中共东川支部扩建为特别支部。1927—1933年，会泽、曲靖、陆良、宣威、马龙等县先后建立党支部、特别支部乃至中心县委，组织发动了陆良、会泽武装暴动。民国二十四年（1935年）4月，中央红军3万余人，以一军团为左翼，中央军委纵队居中，三军团为右翼，五军团殿后，九军团于右后侧牵制敌人，先后进入曲靖地区。4月27日，中央军委纵队在曲靖西山关下村截获龙云为薛岳送军事地图和药品的车辆两辆，缴获云南十万分之一军用地图20余份、云南白药1000包外加400瓶，以及宣威火腿、普洱茶等名贵土特产品。当晚，毛泽东、周恩来、朱德等中央红军总部首长在曲靖西山三元宫召开中共中央政治局和中革军委联席会议，做出"西进北上迅速抢渡金沙江，到川西建立苏区的重大战略决策"。同日，红军先头部队攻克马龙县城。29日，红一军团攻克嵩明县城，红三军团攻克寻甸县城。30日，顺利渡过牛栏江，中央军委在寻甸柯渡布置抢渡金沙江。5月1日，由禄劝皎平渡渡口渡过金沙江北上。担任掩护任务的红九军团4月27日攻克宣威县城，5月2日攻克会泽县城，红军在会泽扩红1500余人（在曲靖区域内，扩红总数为2000余人），筹款十万银圆，5日由东川树桔渡渡口渡过金沙江北上。民国二十五年（1936年）3月20和21日，长征中的红军二、六军团分两路先后由贵州威宁进入云南宣威，22日，两路红军汇集宣威来宾铺一带，并准备夺取宣威县城，23日，在虎头山和滇军展开激战。红二、六军团离开曲靖后，向滇西挺进，于4月下旬从丽江石鼓顺利渡过金沙江，10月到达甘肃会宁与党中央和红一方面军会师，完成了具有伟大意义的长征。

民国二十六年（1937年），抗日战争全面爆发后，国民政府迁都重庆。为适应抗战需要，国民政府除决定修筑叙昆铁路（也称川滇铁路）和叙昆公路（也称川滇公路）外，还先后决定在陆良、沾益、会泽、罗平修建飞机场。抗战中，沾益飞机场和陆良飞机场的中国空军与美国空军并肩作战，在滇西抗战、黔桂空战中创造了突出战绩，为中国抗战和世界反法西斯战争的胜利做出了不可磨灭之贡献。

民国三十六年（1947年），曲靖属云南省第二区，设第二区行政督察专员公署、第二区保安司令部驻曲靖县，属省府派出机构，下辖曲靖、沾益、宣威、陆良、马龙、寻甸、罗平、师宗、平彝、会泽10县，由专员兼任保安司令。

抗日战争、解放战争期间，曲靖党的建设、武装斗争、统一战线等全面开展，在建立一批中心县委的基础上，又先后建立罗盘地委、滇东北地委和各县工委，在组建多支讨蒋自救军的基础上，又先后建立了中国人民解放军滇桂黔边纵队第二、第三、第六支队，在蒙山盘水间寻找战机，主动出击，与国民党军殊死搏斗，为全国的黎明及云南全境的解放做出积极贡献。

曲靖区域内的革命根据地先后建立专、县临时人民政府。曲靖、马龙、陆良隶属滇桂黔边第一（弥泸区）临时人民行政专员公署；罗平、师宗、平彝隶属滇桂黔边第二（罗盘区）临时人民行政专员公署；沾益、宣威、会泽隶属滇桂黔边滇东北区临时人民行政专员公署；寻甸县隶属滇桂黔边滇北区临时人民行政专员公署。中共滇桂黔边区党委和中国人民解放军滇桂黔边纵司令部进驻曲靖达半年之久，使曲靖成为云南乃至滇桂黔边区的最大革命根据地。

1948年2月，嵩明县划入昆明。1949年，会泽县划归第一行政区（今昭通）管辖。1949年9月，滇东北临时人民行政专员公署成立。同月，中共滇东北地委成立。1949年底，曲靖地区各县相继建立了人民政权。

# 新中国时期曲靖的简要史实

1949 年 12 月 9 日，国民党云南省政府主席兼云南绥靖公署主任卢汉发表起义通电。1950 年 2 月 24 日，云南省地师以上领导干部会议在昆明市庚园召开，陈赓在会上宣布云南全境解放。1950 年 3 月初，根据中共云南省委决定，成立中共曲靖地委，开始接管旧政权，地委书记是杨成明，副书记是樊子诚。25 日，成立曲靖行政督察专员公署，下辖曲靖、沾益、马龙、宣威、平彝（今富源）、嵩明、寻甸 7 县，新任专员樊子诚、副专员邱秉常与原国民党云南省第二区行政督察专员公署专员孟立人在曲靖城北门街旧公署正式办理移交手续。26 日，根据省委指示，地委派李钟猷、王翼艇正式接管原国民党曲靖县政权，成立曲靖县人民政府，李钟猷任县委书记兼县长，王翼艇任副县长。曲靖辖区内的其他各县，随后也正式成立县级人民政府。陆良、罗平、师宗 3 县属宜良专区，会泽县属昭通专区。11 月 5 日，曲靖行政督察专员公署改称云南省人民政府曲靖区专员公署。1954 年 4 月，划会泽县西部成立东川矿区政府。1954 年 7 月，宜良专区与曲靖专区合并，建立曲靖行政专员公署，辖区增加宜良、路南、罗平、师宗、泸西、陆良 6 县，共辖 13 县，行政专员公署驻曲靖县。1954 年 9 月，平彝县改为富源县，宣威县改为榕峰县。1956 年，撤寻甸县设寻甸回族自治县，撤路南县设路南彝族自治县。1958年4月，曲靖、沾益两县合并为曲靖县；11月，马龙县也并入曲靖县。1958年8月，撤销泸西县和罗平县，划归师宗县；撤销寻甸回族自治县和嵩明县，合并设立嵩明县，驻嵩阳镇，1959年7月改称寻甸县，驻寻甸仁德镇。1958年10月，成立东川市，撤会泽县并入。1959年，撤销路南彝族自治县，辖区划归宜良县；撤销师宗县，恢复罗平县，原师宗县辖区划归罗平县；泸西县划入红河哈尼族彝族自治州弥勒县。1959年11月，榕峰县恢复为宣威县。1961年4—6月，马龙、嵩明、师宗3县建制相继恢复。1964年，路南彝族自治县从宜良县分离。1964年12月15日，会泽县恢复建制，由东川市划入曲靖地区。1965年，曲靖、沾益分开设县。至此，曲靖专署共辖曲靖、沾益、马龙、宣威、富源、嵩明、宜良、路南、罗平、师宗、陆良、寻甸、会泽13县。1967年3月8日，成立曲靖专区农业生产领导小组，各县也随之成立相应机构。1968年1月，改称曲靖专区生产指挥部，取代专署职权；9月，曲靖专区革命委员会成立。1970年，改称曲靖地区革命委员会，仍辖曲靖等13县。这一阶段，主要任务是征粮征税与剿匪斗争、减租退押和土地改革，以及社会主义改造的具体实施。

1979年2月，撤销曲靖地区革命委员会，成立曲靖地区行政公署；12月，撤销寻甸县，成立寻甸回族彝族自治县。1983年10月，曲靖、沾益撤县合并组建曲靖市（县级），宜良、路南、嵩明3县划归昆明市，曲靖地区辖曲靖、宣威、富源、会泽、马龙、寻甸、陆良、师宗、罗平1市8县，曲靖行署仍驻曲靖市（县级）。1994年2月18日，国务院批准撤销宣威县，设立宣威市（县级）。至此，曲靖行署辖2市7县。

1997年5月6日，经国务院批准，撤销曲靖地区，建立地级曲靖市，实现由省的派出机构向市级地方政权实体的转变，原县级曲靖市分设为麒麟区和沾益县。1998年2月8日，国务院批复寻甸回族彝族自治县划归昆明市，1999年正式调整为昆明市管辖。至此，曲靖市辖1区1市7县。

2016年4月，经国务院批准，撤销沾益县，设立曲靖市沾益区；2018年3月，经国务院批准，撤销马龙县，设立曲靖市马龙区。至此，曲靖市下辖麒麟、沾益、马龙3个区，1个国家级经济技术开发区，代管宣威市，会泽、富源、陆良、师宗、罗平5个县，共4区1市5县。

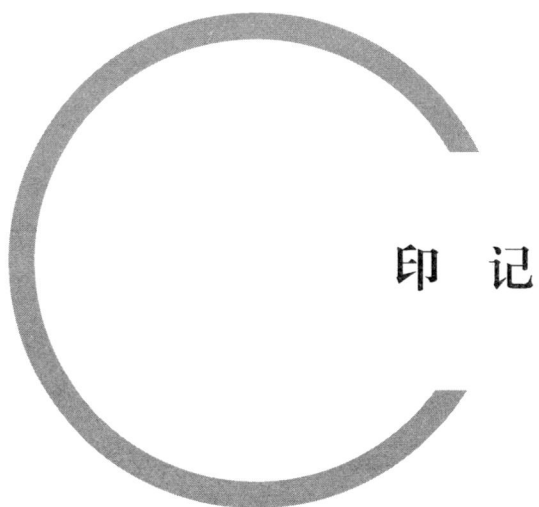

印　记

# "二爨碑" 与爨文化

## 一、综　述

一个城市有一个城市独特的文化。深入挖掘自己的文化资源，能够在传承和创新中不断发展不断繁荣。文化，不仅塑造了城市的品质，展示了城市的风貌，更是城市魅力的集中体现，是城市的灵魂，决定着城市的核心竞争力。

一个地方的竞争，一个城市的竞争，核心的竞争力是软实力，软实力最重要的是文化。文化不能没有根，文化的根是传统文化，也就是历史文化。谈论曲靖的历史文化，绕不开爨文化，但曲靖的历史文化并不等于爨文化，爨文化只是源远流长的曲靖历史文化中重要的一环。在此之前，原始社会时期，曲靖就有辉煌的文化遗存，秦汉时期，曲靖是人类历史上开发最早的区域之一；在此之后，明清时期，掀起过文化建设的高潮；民国时期，也创造了一个高度。曲靖是云南最大的革命老区，近代以来，从重九起义到护国运动，从抗日战争到解放战争，涌现了许多重要人物和重大事件。

曲靖是一个既古老又年轻的城市，说它古老是因为历史悠久、积淀厚实，说它年轻是因为发展不快、影响不大。爨文化对于曲靖而言，既是一个永恒乡愁，又是一段湮没历史；既是曲靖风情，又是曲靖风骨。

为什么这样说呢？

在云南古代文化发展史上，爨文化是继古滇文化之后崛起于南盘江流域的历史文化，具有上承古滇文化、下启南诏大理文化的历史作用。一方面，就历史角度讲，爨文化是东晋咸康五年即公元 339 年始（霍氏、孟氏两大姓内乱火并、同归于尽后，爨氏乘势崛起独霸"南中"，晋王朝封爨琛为宁州刺史并承认其世袭地位），至唐朝天宝七年即公元748 年止（南诏灭爨），爨氏政权统辖云南（当时称"南中"）409 年所造就的文明，这是爨文化狭义的概念（爨氏家族实际控制"南中"的起止时间，是从三国时蜀汉建兴三年即公元 225 年，经西晋、南北朝至唐朝天宝七年即公元 748 年，共计 523 年）；从源头上说，爨文化是中原汉文化占主导地位的外来文化与南盘江流域及曲靖周边土著文化长期大碰撞大融汇大杂交后开出的一朵独具特色的奇葩，即以汉文化为主导的多元体复合型文化，这是爨文化广义的概念。另一方面，爨文化又是一个消亡得相当彻底的文化历程，在历史长河中恍如昙花一现，因此，也有部分史家对爨文化一直持怀疑或否定态度，认为爨文化无非噱头，其实质还是汉文化。

"二爨碑"，即"爨宝子碑"，全称是"晋故振威将军建宁太守爨府君之墓"，俗称"小爨碑"，立于东晋安帝义熙元年（公元 405 年）；"爨龙颜碑"，全称是"宋故龙骧将军护镇蛮校尉宁州刺史邛都县侯爨使君之墓"，俗称"大爨碑"，立于南朝刘宋孝武帝大明二年（公元 458年）。之所以分大小，是因为形制上的大小差别（"小爨碑"高 1.83米，宽 0.71 米，有 403 个字，碑主爨宝子活了 23 岁；"大爨碑"高3.38 米，宽 1.46 米，有 927 个字，碑主爨龙颜活了 61 岁。爨宝子与爨龙颜是同时代的人，爨宝子比爨龙颜大 4 岁，爨宝子死时爨龙颜 19

岁）。国务院 1961 年公布的全国第一批重点保护文物，"二爨碑"皆在其中。天下名碑数不胜数，被列为国家级第一批重点保护的碑刻全国仅11 块，曲靖占 3 块，极其少见（另一块是"段氏与三十七部会盟碑"，俗称"会盟碑"，建于北宋太祖开宝四年即公元 971 年，此碑开创了彝族与白族民族共同体民族大团结之先河）。发现"小爨碑"的是时任曲靖知府邓尔恒，发现时间是 1852 年，发现地点是现在的麒麟区越州镇杨旗田村；发现"大爨碑"的是时任云贵总督阮元，发现时间是 1827年，发现地点是现在的陆良县马街镇薛官堡村。"小爨碑"立碑早于"大爨碑"53 年，却晚于"大爨碑"25 年才被发现。传说，"小爨碑"被发现之前，被一户世代做豆腐的农家用作压制豆腐的工具，"大爨碑"被当地老百姓用作"掼谷子"的工具。"二爨碑"被发现的过程以及之后的经历，似乎暗藏诸多天意，极富传奇色彩。

## 二、爨氏政权的兴亡

爨，是统治云南五百年的一个古老家族的姓氏。爨氏，是汉族，不是少数民族。爨时代，"南中"的面积包括现在云南的全境和四川南部、广西西北部、贵州西部以及缅甸、老挝、越南的一部分。爨氏自中原南下，到三国后期，逐渐统辖了"南中"广大疆域。魏灭蜀后，西晋接管了蜀国统治的"南中"，于公元 271 年在"南中"设立宁州，治所在味县（今麒麟区）。宁州的建立，让曲靖成为一个文化交融发展的重要地带。从这个时候起，作为宁州首府的曲靖，正式成了完全意义上的云南统治中心，成为全国 19 个州之一，改变了历来为巴蜀附庸的局面。虽然三国时诸葛亮南征平定大姓孟获叛乱后，曾废益州郡改建宁郡，并将治所由滇池县（今晋宁），迁到味县，设庲降都督管辖"南中"七郡，庲降都督府驻地也从平夷县（今贵州毕节）迁至味县，但庲降都督是军事性质的机构，不是行政机构，而宁州则是直属中央的行政机构，这在云南郡县制度史上是一个重要的里程碑。自此，滇东盘江流域（爨氏政权）取代滇池周边区域（古滇王国）成为云南新的政治、经济、军事、文化中心。爨氏家族的兴起，是历史给予的一次特殊机遇，也是汉文化在这一地区长期渗透的产物。爨氏集团是军政合一、政教合一的封建领主割据政权，在其统治时期，由于中原王朝处于战乱之中，无暇顾及遥远边地"南中"，爨氏政权趁机采取"奉中原王朝为正朔"的政策，实际形成"开门诸侯，闭门天子"的格局。"南中"既接受朝廷任命的官职，又保留世袭头衔（即政治上的"双轨制"）。东汉以来，中原长达两个多世纪无休止的战乱，客观上造成对大姓势力的放纵，导致爨氏家族雄长"南中"数百年，但要特别指出：爨氏数十代统治者，从未出现割据称王或改元称帝现象，始终维护了国家的统一、多民族的团结和边疆稳定这个大局，始终没有脱离中国历史发展的整体。

"南中"战乱较少，社会稳定，经济发展，人民安居乐业，出现了"爨宝子碑"描述的"山岳吐金"，"物物得所"，"牛马被野"，"邑落相望"的繁荣景象。《新纂云南通志》记载，当时曲靖区域（爨氏政权腹心区）的经济与内地接近，"其地沃壤，多是汉人，既饶宝物，又多名马"；"爨龙颜碑"的描述是"独步南境，卓尔不群"（透过这8个字可以想象当时曲靖在全国的地位、形象和影响力，那种自信、豪迈与底气，可谓爨时代之曲靖精神，即：自强不息、开拓创新、开放包容、民族和谐的精神）。伴随着大量汉民的不断迁入，使得曲靖及周边世居少数民族固有的生活方式、文化习俗、思想观念发生重大变化，外来文化与土著文化不断渗透、相互同化，逐渐浑然一体。这时的爨文化，严格来说，是汉文化与土著文化融汇杂交后开出的一朵独具特色的奇葩。正如五百年后（元朝），蒙古人踏碎精美的宋词，日耳曼人烧毁辉煌的罗马宫殿一样，南诏灭爨将璀璨的爨文化"烟烬灰灭"。

爨氏家族无疑是中国历史上独霸一方、据地称雄时间最长、跨越朝代最多的家族之一。但是，为什么爨氏政权史籍缺失？为什么爨氏后人神秘失踪不知何往？为什么空遗下两块爨碑少有其他线索？究其原因，有三种分析：一是三国、两晋、南北朝时期，中原动荡不安，始终没有建立起统一的中央王朝，国家处于分裂状况；二是爨氏统治区距离中央政府太遥远，且山川险峻，中央政府无力顾及，更别说控制；三是南诏灭爨后，紧接着实行种族大迁徙，《蛮书》记载："自曲靖州、石城、升麻川、昆川南北至龙和城以东，荡然荒矣"，这种扫地出门的结局，让爨氏腹心区的曲靖及周边遭遇彻底的毁灭性灾难。

隋朝建立，结束了内地两个多世纪无休止的战乱，自然不会让爨氏家族在"南中"继续其割据局面。隋文帝两次出兵云南，将爨氏家族首领爨翫全家逮捕后带回长安，处死爨翫，"诸子没为役"（《新唐书·两爨传》）。但此举未能控制"南中"地区，爨氏其他首领继续据有云南。到了唐朝建立，改变策略，将爨翫之子爨弘达放回"南中"，任命其为昆州（昆明一带）刺史，对爨氏控制区实行笼络式羁縻统治。这种状况维持了一百多年，到了唐玄宗开元天宝年间，爨氏内乱，争权夺利，加上东爨和西爨之间的离心离德（未能形成政权依靠、一致对外），成为爨氏政权最致命的死亡推手。南宁州大鬼主（鬼主，即宗教和政治首领，既是部落直接统治者，又是神职人员、祭祀主持人。信奉"鬼教"，其实就是祖先崇拜，鬼主自诩祖先的化身，能沟通天、地、人三者间的关系，具有人神参半的特殊身份。这样一种身份，使鬼主在部落中拥有至高无上的权力，而这权力是爨氏家族赖以统治基层的神化力量）爨崇道杀了昆州刺史爨日进，又暗害了爨氏家族的主心骨南宁州都督爨归王，爨归王的妻子、出身乌蛮部落的酋长之女阿姹，从娘家搬援兵对抗爨崇道，誓复夫仇，并向崛起于洱海地区、同样出身乌蛮且得到唐王朝扶持的南诏求助（唐初，洱海周围有六大部落集团，其中蒙舍诏居于南部，称为"南诏"。从唐朝开元初年，在唐朝支持下，历经20余年兼并战争，南诏统一了洱海地区，并企图侵吞爨区），南诏首领皮逻阁老谋深算，不仅为爨归王之子爨守隅向中央政府申请袭任南宁州都督一职（其父之职），达到拉拢、分裂之目的，得到批准后，还将两个女儿分别嫁给"冤家对头、形如水火"的爨守隅（爨归王之子）和爨辅朝（爨崇道之子），以图控制爨氏家族。之后，皮逻阁在唐朝纵容默许之下，与阿姹母子配合，发兵杀了爨崇道父子，灭了诸爨领主，占有爨区。皮逻阁将诸爨中唯一剩下的阿姹母子迁往南诏。《新唐书·列传第一百四十七下·南蛮下》记载：天宝七年（公元748年），爨氏内讧，相互残杀，崛起于洱海之滨的少数民族政权南诏的阁罗凤（皮逻阁之子，公元748年，南诏首领皮逻阁去世，其子阁罗凤袭授公元738年由唐朝封给其父的"云南王"）乘机率军攻陷石城，占领两爨之地后，为进一步摧毁爨氏势力，命令进驻爨区的昆川（今昆明、曲靖一带）城使杨牟利武力胁迫西爨白蛮，迁徙爨区20余万户、100万人左右到滇西永昌（保山、大理、德宏一带），彻底瓦解了爨氏的统治。滇东地区发达的经济文化遭到了毁灭性打击，爨文化衰落了。迁徙到滇西的西爨白蛮，是当时云南先进经济文化的代表，虽然被迫西迁，但在客观上带去先进的生产技术和发达的文化，与洱海区域经济文化相互交融，经过逐渐发展，形成了新的文化类型——南诏大理文化。爨氏灭亡，教训惨痛：爨氏于东晋咸和八年（公元333年）攻陷宁州，东晋咸康五年（公元339年），在霍氏、孟氏两大姓内乱火并同归于尽后乘势崛起，独霸"南中"，但是未能吸取历史教训，避免内乱，即使在人敌当前和即将遭遇屠杀时，也未能停止内斗团结起来，终将数百年积累之基业毁失殆尽。南诏攻城略地迁移人口后，曲靖"城空人寂"。有史料称，唐朝把当时称为"曲州"的现今昭通鲁甸一带和称为"靖州"的现今湖南会同以南、贵州锦屏以东的人民迁往石城定居，两地人民为了不忘故地，把"曲州""靖州"各取一字合起来，称新定居地为"曲靖"（史籍《新唐书》中最早出现"曲靖州"三字，但"曲靖"一名在唐宋时并未通行使用，到了元代才正式作为行政区划名称使用至今。《徐霞客游记》的记述则是："曲靖者，本唐之曲州、靖州也，合其地置府，而名亦因之"。但"曲靖"的得名，其真实为何，有待进一步考证）。

唐初南诏灭爨，云南文化又成少数民族文化，从汉至唐推进了四百多年的汉文化戛然而止。

公元749年，即南诏灭爨第二年，南诏在唐朝扶持下建立南诏政权，结束了爨氏政权五百年的云南霸主地位。公元751年，唐将剑南节度使鲜于仲通率师至曲靖，阁罗凤向吐蕃求援，唐军大败，南诏割据云南局面形成。曲靖失掉云南中心地位，滇东乌蛮称雄，促成三十七部崛起（西爨白蛮大量西迁后，散居山林的东爨乌蛮逐渐移居平地，形成若干部族，其中较大的37个，史称"三十七部"。"部"，相当于"县"）。此后，爨氏在曲靖的局部统治，一直持续到明朝中叶改土归流之后，前后加起来有1300年左右（根据《段氏与三十七部会盟碑》和"大理国借兵滇东"推算）。

关于爨氏家族的后代具体如何，虽无明确的文献记载，争论较多，但可以肯定，爨氏家族并未灭绝。大理出土的"南诏德化碑"记载南诏大臣就有爨姓，爨泰曾为南诏学士。大理国的开国君主段思平从通海起兵时，得到其舅父爨判（"三十七部"盟主）的大力支持，登基后封爨判为巴甸侯，皆有史籍考证。成都出土的一块唐代墓志，墓主是

"袭南宁郡王"爨守忠（爨归王之子、爨守隅之弟），时任唐朝的剑南西川节度副使、南宁十四州都督，虽然是遥授和摆设，但也说明爨氏家族一部分归附了唐朝，并在唐朝世袭郡王爵位。爨守忠驻节嘉州（今四川乐山），所领"南宁十四州"，即被南诏占领的区域，就是利用爨氏家族在云南的影响，保持对南诏的威慑。但是，为什么后来鲜有爨姓了？显赫一时的家族难道没有后裔了吗？有人认为，爨氏的后裔改姓了，因为没有强有力的证据，很多人不以为然。20世纪50年代初在大理鹤庆找到一块明朝初年立的碑，叫《寸升碑》，叙述其祖先本为称霸"南中"的爨氏，南诏大理时保有贵族身份，后改为"寸"姓（笔画较少，以示对当朝的臣服；读音接近，不忘对先祖的怀念），曾有族人担任过大理国丞相，元代时为土官，明朝军队进入云南后又率先归附。说明爨氏家族西迁后的分布并不局限于保山、大理和德宏，而是很广的。一些研究者认为：爨地被南诏占领后，爨地的所谓爨人也发生变化，一部分受汉文化影响较深的白蛮被强迫迁移，很大一部分和洱海地区其他部族一起，逐步形成今天的白族；留在当地山区保留本民族习俗较多的乌蛮，保有自己的部落组织，逐步成为今天的彝族。到了明清时期，文献提到的"爨人"，大多指现在的彝族，而提到的爨文，也即彝文了。

南诏灭爨后，仅从文化角度讲，是"文明的中断、文化的倒退"，就是说没有进步反而退化了，因为南诏大理是农奴制政权，文化相对落后。

## 三、爨碑书法

两汉文章以散文和汉赋为主，魏晋之际，两者合流，出现了一种新的文学样式，就是六朝时期的骈体文。"爨宝子碑"的碑文，便是骈体文出现后早期的文风，骈散结合以骈为主，既有汉代散文的古奥宏丽，又有六朝骈文的绮靡华丽。"爨龙颜碑"的碑文，又演变为以散体为主，骈体为辅，散文风格极为浓厚，表现了散文复兴的趋势，这种复兴趋势的发展，到了唐朝中叶，便形成韩柳古文运动，产生了唐宋八大家。由此可见，"二爨碑"的文体出现在我国文学史发展的转折时期，开六朝和唐宋两阶段文学的风气之先。到了清朝后期，"二爨碑"已名满海内外，但对"二爨碑"的欣赏，主要表现在对其书法的推崇。魏晋南北朝时期的书法，由两汉的隶书向隋、唐的楷书演变过渡，这个过渡阶段的字体，在书法史上称为"北碑和南碑"（碑刻中的魏碑称北碑，东晋和南北朝的碑刻称南碑），这个时期，上至帝王下到士庶，无不以书法为其雅好。"爨宝子碑"书法是南碑的早期作品，康有为称之"魏晋正书第一本"，周钟岳称为"南碑瑰宝"，实非过誉之辞。多数研究者认为：爨氏时代，因远离中央政府，对中原日渐规范的楷体尚未完全了解与掌握，"二爨碑"正好记录了这种似隶书非隶书、似楷书非楷书的过渡书体。魏晋时期，国家几度下令禁碑，传世的碑帖极少，因此，"二爨碑"在曲靖的出土填补了"南无名碑"的空白，声名远播，除了书法的高古之外，发现之地（曲靖）也令世人惊诧。"爨宝子碑"之后53年的"爨龙颜碑"，楷书成分大大增加，但仍有隶书风味，被康有为誉为"隶楷极则""神品第一"。阮元在《爨龙颜碑跋》中称："此碑文体书法皆汉晋正传，求之北地亦不可多得，乃云南第一古石，其永宝护之。"

"二爨碑"的外形制作、碑文与中原汉文化一脉相承，且与所处时代（东晋）"盛行老庄"的风尚相一致。"爨宝子碑"中"至人无想，相忘江湖"的思想与晋人崇尚自然、纵情山水的人生理念十分贴近。碑文赞誉爨宝子"少禀环伟之质，长挺高邈之操，通旷清格""发自天然，冰洁简静"的句子与晋人注重人品气度、喜欢浮夸虚华的审美倾向相吻合。从书法角度看，虽然没有"爨体"这一体例，但都知道特指"爨碑"字体。如今的曲靖，无数人能写"爨体"，各种各类的牌匾多以"爨体"书写，成为显著的地域特征。

"爨碑书法"的笔画结构在隶楷之间，兼有篆书遗姿，忽隶、忽楷、忽篆，可谓"三体合一"的融合物，因为没有留下书者姓名，各种猜测版本流行，最具代表性的有两例：一是本地一书家，由着性子写，歪也罢正也罢，错也罢对也罢，方也罢圆也罢，隶也罢楷也罢，偶尔还弄几笔篆书，所以有了"爨碑"朴拙的美、洒脱的美、丑到极致的美；二是一位才华横溢的厌世高人，书写了得意之作，不愿留下姓名，后人把碑文那种无序的排列，歪歪扭扭的结构，方圆并用的点画运笔，狂放洒脱、刚柔并济、动中求静的构思，臆想为刻意为之。甚而还有人揣测碑文书写者挥毫时的情状，也有两个版本流行：一是得意之时的独创书法。纵观"爨体"，既无篆书的古韵端庄，也无魏碑的典雅，更无楷书与隶书的严谨，天马行空、肆意挥洒，不避丑拙，属得意时任情泼墨、挥洒自如的酣畅淋漓之心境，这是书法的美，仿佛大家闺秀浓妆贵妇之美。二是失意之时的发泄之作。端详"爨体"，它的魅力是原始的、野性的、蛮悍的，"爨体"的美恰恰在于它的不美或者无意去追求美，同敷粉薰香、浓妆艳抹的美不同，是不加修饰、不加雕琢，不避丑拙的野、蛮、怪的美，属失意时愤世嫉俗、孤芳自赏的狂放悲怆之心境，这时书法的美，有如小家碧玉清纯少女之美。但猜测终究是猜测而已，不足为依据。

康有为评论"小爨"书体："端朴若古佛之容""朴厚古茂，奇姿百出""在隶、楷之间，可以考见变体源流"；李根源称颂"小爨"书法："下笔刚健如铁，姿媚如神女"。康有为评论"大爨"书体："若轩辕古圣，端冕垂裳""下画如昆刀刻玉，但见浑美，布势如精工画人，各有意度，当为隶楷极则"；学者顾峰在其著作《云南碑刻与书法》中说："书法雄强茂美，参差有致，疏密相间，笔力遒劲，气势宏伟，像刀斧击凿而成，有隶书笔意，其方笔略兼圆笔，其方笔又比六十四年后的《张猛龙碑》浑厚大方，其圆笔又比五十三年后的《郑文公碑》凝重挺拔"，等等。

爨碑书法可谓独树一帜，但在当下书法界，对其价值的认可并不高。在多元审美背景下，大力推介、研究、临摹"二爨碑"，积极塑造、包装一批各具特色的爨体书法家，拓展书法艺术视域，扩大"爨体书法"影响力，构建并打造"中国爨书之都"，最终形成标志性、品牌性、权威性的地域书风，对于爨乡曲靖，意义重大。

### 四、爨乡古乐

现在的曲靖人茶余饭后谈论爨文化，无非是从散存于残篇断简中的饮食文化、服饰文化、宗教信仰、婚丧习俗、祭祀、庆典、医药、建筑、碑刻、家谱以及那些流落于民间的诗文、歌舞、音乐、戏剧、曲艺、字画、陶瓷以及各类传说、轶闻、野史、故事等来进行牵强附会、生拉硬扯，以寻觅其踪影，看得见、摸得着的实物与证据，截至目前，仍然只有以"二爨碑"为主的少量文物。这里要强调的是一个长期存在独具特色的"音乐活化石"、省级非物质文化遗产：曲靖洞经古乐。

每周四下午两点后，麒麟区南城门楼上，有个古乐会，例行排练，一曲曲"此谱只应古时有"的旋律，余韵绕梁，凝重肃穆，仿佛天籁之声，让人感觉时光倒流上千年，充满飘逸的神秘感。演奏远古声音的是1983年重新筹组的一个民间团体：爨乡古乐会。当年成立时，是一个平均年龄超过70岁的团队，最大的90岁，最年轻的50岁，成员有14人。因为人才与资金不够，古乐会从成立之初就一直传承乏人、运转艰难。印象深刻的是"三老"：人老、设备老、曲子老。虽然把中断了多年的古乐会陆续恢复起来，但我一直担忧：这千年绝唱，一不小心真的成了绝唱，再也没有人唱了！40年过去了，古乐会秉持着一个十分朴素、有太多辛酸和不容易的信念：不为钱，不为名，为了把老祖宗的东西（文化遗产）传承下去！听爨乡古乐，仿佛来自远古的声音在时空深处回响。由于时代变迁，不少洞经古乐演奏团体，在演奏时把唱词进行了改动，爨乡古乐力图保持原始韵味、原汁原味，即老辈人怎么演奏，现在人就怎么演奏，老辈人怎么吟唱，现在人就怎么吟唱，与滇西、滇南的差别不小。在曲靖，演奏洞经古乐的民间团体不少，但运作正常的可谓凤毛麟角，所有洞经古乐演奏团体，面临一个共同的严峻问题：队伍老化，后继乏人，资金紧缺，维系艰难。某种程度上说，爨乡古乐是墙里开花墙外香，不少外地人慕名而来，而本地人知道的并不多。虽然古乐会定时演奏，但总有些自演自听的尴尬。古乐会的成员，绝大多数是年老体弱之人，不乏带病演出者。10年前，我陪同几位外地人去聆听古乐，那天的演出，让我们感慨感动、记忆犹新：有3位会员因病正在住院，未能参加，演出过程中，1名会员又因病无法坚持，中途退场。直到2017年7月应邀再去，欣慰的是：这支古乐会仍然存在且正常运转，还增添了不少新鲜血液，并有了一定的经费保障，现在更名叫曲靖洞经古乐会。但是，我对洞经古乐的未来还是不敢持乐观态度，毕竟，这个民间古乐演奏团体的骨干成员几乎都是老年人，留给他们的时间真的不多！

爨乡古乐源远流长、经久不衰，始于秦汉，自西晋、南北朝到隋唐，经历代演变，至明朝洪武年间，吸收融入中原宫廷曲谱、江南乐府、丝竹管弦等流派，有了突飞猛进的发展。到了明朝万历七年（公元1579年），逐渐填入《太上玉清无极总真文昌大洞仙经》等经文，

72

始称洞经音乐或庙堂音乐，被誉为"东方的古典交响乐"，属云南极具代表性的音乐品种，曲靖市各县区都有。洞经是套在乐谱中的唱词（即用经文当唱词），音乐是实质，换句话说，洞经音乐的乐谱是支柱和灵魂，而唱词则是随时代而变迁的一种文字反映。音乐分为经腔和曲牌，有唱词叫经腔，是经文中的韵文部分，和诗词相近，曲牌即曲调，主要用于各种礼仪活动时的配乐，也用作经腔的间奏。洞经音乐不同于佛教或道教念诵经文的声腔，是完全按照传统的五声调式和七声音阶的韵律发音并进行演奏的。演奏洞经音乐的乐器，主要分为管弦乐和打击乐两类。管弦乐，主要是笛子、二胡、琵琶、三弦、古筝、唢呐、扬琴等；打击乐主要是大鼓、小鼓、大锣、小锣、绞子、云乐、翠鼓、磬、木鱼、碰铃等。洞经会在不同地方有不同的称谓，有称"会"和"学"的，也有称"坊""堂"或"坛"的，有的地方还有文、武洞经会之别。1915年，时任广东虎门中将司令官的赵樾出资在家乡（今麒麟区）办了一个叫"宝善堂"的洞经会，传承至今（赵樾故居位于麒麟区西门街32号）。洞经音乐以劝化世人，纯正民风，崇敬先贤，恭谦礼让为宗旨。洞经会作为一种民俗礼乐，礼，从外向内，端正人的行为；乐，从内向外，净化人的心灵。在云南民族民间音乐文化中，洞经音乐以其庄重肃穆、曲调优美扎根于广大人民群众中。但个人以为，无论曲靖爨乡古乐还是丽江纳西古乐，都属汉族移民至滇杂交变异保存下来并在各个民族地区生根开花的文化现象之一，严格说，绝非本民族原有之文化。

### 五、潦浒陶瓷

徜徉在位于曲靖市麒麟区越州镇的潦浒，随意逛进某家陶瓷作坊，不经意间，就会遇上某知名艺术家或文化人，正在为那些处于雏形的陶瓷泥胎进行创意或者赋诗作画。潦浒，是一个依山傍水、风景秀丽、因陶而兴的古村落，因为这里的陶土、瓷土、釉土、褐煤等资源丰富，追溯历史，有当地人士考证指出："潦浒在宋朝开始烧砖瓦，元明时期制陶器，清朝做碗碟，民国时期有了现代意义的陶瓷工厂。"如今，潦浒既有现代化的陶瓷企业，同时保存着手工拉坯、柴火烧陶等传统技艺，明清时期建成的龙窑至今仍在使用。潦浒陶瓷，一直以来就伴随着曲靖广大人民群众日常生活的方方面面。

烧制陶器，离不开龙窑。龙窑，是古代人用柴草、木材烧制陶器的土窑，因其形状如一条卧龙而得名。中国最古老的龙窑始于战国时期。龙窑是古代陶瓷烧制最主要的窑型。陶瓷窑炉种类繁多，除柴烧龙窑外，还有煤烧蒲萝窑、气烧隧道窑和辊道窑、抽屉窑及电窑、柴窑等多种窑型。古龙窑依一定的地势或坡度，用土、石、砖砌筑成直焰式圆筒形的穹状隧道，一般长约 30~70 米，高约 1.6~2 米，分窑头、窑床、窑尾三部分，头尾空间较小，中间最大。千百年来，潦浒人民和龙窑一起，创造了不少辉煌。最兴旺的时期，潦浒有龙窑 20 多条，制陶作坊近 200 家，从业人员近 3000 人，全村百分之六十多的人家都在烧制或参与烧制陶瓷。据公开报道，潦浒现存各个不同历史时期的龙窑和龙窑遗址有 16 处，仍然还在使用的龙窑有 12 处。潦浒现有古窑池 5 座，分别建于明代的老窑、新窑、王家窑、许家窑和建于清代的沙沟窑，其中新窑长达 110 多米，据说是目前中国最长古龙窑，且保存完整，堪称龙窑活化石。

严格说，从明朝至今，潦浒的陶瓷生产从未停歇，不仅是滇东及滇东北区域的陶瓷生产制作中心，也是陶瓷产品的集散地和批发市场。潦浒沿袭至今的手工拉坯、龙窑柴烧方式，完全够资格打造并申报国家级的龙窑博物馆与传习所。

潦浒陶瓷文化没有湮没在历史长河中，反而因时间打磨而历久弥新、熠熠生辉，一代代手艺人的不断传承和探索，让潦浒充溢着太多的希望、魅惑与故事。如今的潦浒，呈现出陶瓷业、农业、旅游业与爨文化并举，融合发展、相互促进的良好局势。潦浒陶的魅力，体现在龙窑柴烧后不可预测的窑变与落灰，那些有收藏价值的陶壶及工艺品，必须经过千度高温柴火烧制，而烧制一炉窑，除要消耗几吨的柴火，还有制陶人数十日的精心守望与殷殷期盼，所以潦浒有隆重的祭窑民俗。潦浒不仅有手工拉坯、柴火烧制的传统技艺，还有现代高科技的制造工艺。欣赏着一件件的陶瓷作品在匠人手中旋转、揉捏，阴干后通过火烧得以涅槃重生，温暖就会涌上心头，油然感怀于潦浒人的专注，并为他们的坚守而肃然起敬！

## 六、结　语

爨碑所处时代，正是中国汉末魏晋南北朝时期，这是文化史上一个动乱年代、多事之秋，又是文化史上百花齐放的时期。这个时代以前——汉代：在文艺上趋于质朴，在思想上定于一尊，统治于儒教；这个时代以后——唐代：在文艺上趋于成熟，在思想上被儒、佛、道三教支配。这个时期是中国人精神上大解放、人格上大释放、思想上大自由的时期。

拥有"二爨碑"的曲靖以"二爨之乡"自居，世居爨氏政权腹心区的曲靖人民白称爨人无可厚非，爨文化作为一个地域特征明显的文化现象存在，是不争的事实。爨人是一个复合型的共同体，这与严格意义上的民族不尽相同。爨人不是由某个单一民族直接发展演化而来，而是由以汉人、滇人为主再加古老族群的人们融合而成。爨人在云南发展过程中，逐渐融有古滇人血统，并继承以昆明晋宁为中心的滇文化，并融合其他文化，创造了爨文化，成为南诏大理文化的渊源。民间流传爨人使用的"蝌蚪文"，如今无人识得其模样，"蝌蚪文"被彝族认为是彝文的起源（唐朝时位于马龙的东爨纳垢部酋长后裔阿田可，历时3年，将所创造的1840个彝文，编撰成《跐书》，因文字形似蝌蚪，被统称为"蝌蚪文"）。爨人把蛇当作自己的神祇，把蛇看作吉祥、幸福、美丽的化身，蛇崇拜在爨文化中一直占有重要位置。在古爨人后代彝族支系撒尼人中，有一个世代相传的凄美故事流传于曲靖及周边，即阿诗玛与阿黑的故事，用诗的语言叙述了勤劳、勇敢、善良、美丽，贫穷却不为富贵所动的男青年阿黑和女青年阿诗玛之间的不幸爱情和悲惨命运。"阿诗玛"，汉义即"蛇女"的意思，而蛇女则是古爨人崇拜的图腾。撒尼语"诗"即"蛇"，"玛"即女孩之意，传说阿诗玛是"蛇年蛇月蛇日出生"，集吉祥、善良、美貌于一身的撒尼美女。

往事已经流逝。纵观曲靖的历史，同全国很多地方一样，也是一部多民族融合史。很多人知道大理段氏，但很少有人知道比大理段氏更古老、存在时间更长的曲靖爨氏；很多人听说过丽江纳西古乐，但很少有人知道比丽江纳西古乐还要古老的曲靖爨乡古乐。

爨文化的致命悲哀在于：研究来研究去，依然只是以两块爨碑为代表的少量零散史籍。要认真思考的是：开创了云南近五百年历史的曲靖，应赋予它怎样的内涵？或者说要如何提升、打造它，怎样去挖掘、定位，给它塑造和保持一个什么样的形象和灵魂？

# 曲靖"孙髯翁"与"八大山人"

　　清朝康熙年间，南宁县（今麒麟区）有一位在当地家喻户晓、闻名遐迩的人物，姓孙名璿号鹤髯，被青史誉为"滇中七子"之一，其书画篆刻之美誉、隐逸洒脱之名气传遍了整个云南。古诗这样描述他："仙风道骨美髯翁，躬耕坞上自足丰。滇中七子美名传，石城隐士书画荣。"孙璿故居位于今天的曲靖市麒麟区西门街打油巷 23 号，虽然已朽败破落，仍可窥见当年痕迹。

　　孙璿，在国内书画界、收藏界知名度较高，但曲靖本地反而知道他的人不多。孙璿生于 1666 年，大约逝于 1750 年，字蕴石，号耕坞、鹿玉，晚年自号鹤髯老人，时人皆称孙髯翁，是我国清代著名书画家、篆刻家，其代表作有《鹤髯老人草册》《松韶关记》《梅花百咏》《红叶楼蜀游记》《红叶楼鸣玉集》《澹一斋章谱》《字学》《心印妙经》等，其中《红叶楼蜀游记》《红叶楼鸣玉集》《松韶关记》《梅花百咏》收藏于云南省图书馆。孙璿年少博学，饱读诗书，并写得一手好字，十五六岁在曲靖鹤立鸡群，十八九岁被选为郡博士（府学学官，指在当地学问广博的读书人），三十岁左右，便成为誉满云南的"石城隐士"。孙璿祖籍安徽休宁（古称新安），出身于没落的名门望族、官宦之第、书香人家，明朝末年清军入关，举家千里迢迢流离至曲靖城安家落户。

由于当时各地反清势力风起云涌，许多明朝遗老被卷入其中，孙璩的父亲也积极参与，因此遭到后来的清算和迫害，最后含恨离世。国破、家亡、父逝，千里流离，举目无亲，迫使少年孙璩倍感世间苍凉，人生无常！愈加刻苦读书之余，仇视清王朝的意识更为炽烈，坚定了终身不入清朝之仕的决心。成年后，孙璩大书一个"哑"字贴于门上，闭门谢客，或耕读在家，或外出游历，大隐于市 60 余载，直至去世。孙璩平生鄙夷科举仕途，将人生的价值和追求全身心投入书画篆刻、诗词歌赋的创作以及对学问和人品修炼的研习中。孙璩的书法和绘画当时名气很大，草书与篆刻堪称二绝，本地人若能求得一幅他的字画，悬挂家中，那是件令人羡慕的了不起的荣耀。孙璩不仅是著名的书画篆刻家，还是一个大学问家，平生著述不少，可惜传世的不算多，孙璩的书画与篆刻堪称云南古代文化艺术的精品。

打油巷孙璩故居
（张志永 60 年代写生，戴兴华翻拍于《张志永画作》）

对孙璩一生影响最大的是"八大山人"。他与"八大山人"的交往，有一段佳话在曲靖民间广为流传。"八大山人"不是八个人，而是明末清初书画大家朱耷的别称。朱耷（约 1625 年—约 1705 年），中国画一代宗师，是明太祖朱元璋第十七子朱权的九世孙，明亡后为逃避清王朝的迫害，削发为僧，隐姓埋名，后改信道教。朱耷是一位亦僧亦道、亦画亦诗的人物，在中国艺术史上的地位，可与梵高在西方艺术史上的地位相提并论。明朝灭亡，朱耷时年 20 岁，清军入关，家中 90 余人全部被杀害，唯剩他幸免逃出。读朱耷的一首题画诗，可领略其艺术风骨："墨点无多泪点多，山河仍是旧山河。横流乱世杈椰树，留得文林细揣摩。"

清军入关后，云南境内一时成为明朝官宦避灾逃难的理想之地，一大批不愿归顺清朝的士大夫、有气节的知识分子和被通缉的明朝皇室相继流入滇境。那时的云南汇集了全国各地的各种人才。传说康熙三十四年（1695 年）前后，朱耷因隐迹暴露被清廷通缉，历经艰险，独自逃亡流落至曲靖，化名"晴不夜"，藏匿避居于东山寺（又名报恩寺，原东门街外地区粮食局车队附近）。朱耷在曲靖避难期间，对故国山河的情怀，对亲人的思念，只能寄托于书画诗文之中。迫于生计，不得已在大街上摆摊卖字画。有一天，与孙璓刚好巧遇了。当见到朱耷的字画时，孙璓惊叹不已，爱不释手，倾囊购买。之后，孙璓常到东山寺拜访朱耷，只恨相见太晚，极欲拜师学艺。开始，朱耷对他很冷漠，每次都是闭门谢客。但孙璓态度殷勤恳切，几番多次皆不甘心，最终朱耷被孙璓的真诚感动，加之了解到孙璓父辈同样遭受清廷迫害，也是从内地远遁来滇，于是同病相怜，虽然不以师徒相称，但成了忘年之交（朱耷年长孙璓 40 岁左右）。于是，朱耷在书画篆刻等技法上对孙璓悉心点拨，孙璓自从得到朱耷尽心竭力的指导后，有了超乎寻常的提高与突破。

孙璓和朱耷经常在一起品茶论道，吟诗作画或游览风景名胜，不觉间度过了近两年时光。可惜好景不长，朱耷的"晴不夜"化名遭有心人猜疑（晴字拆开是"明、主"二字，"不夜"有"复明"之意），并向官府告发。官府认为化名"晴不夜"的人有可能是明王室后裔或朝廷通缉的要犯，决定秘密抓捕审讯。恰巧衙门里承办此事的公差和孙璚私下交好，悄悄将消息透露给他。孙璚深感事情不妙，东山寺不是久留之地，当夜让朱耷化装成马夫牵着马，星夜由曲靖南城门溜出，马不停蹄向南奔去。当跑至30多公里外的越州下桥村南盘江码头时，天已拂晓。即将别离，万般不舍，两人无限感慨，相互长拜，自此结为生死之交。触景生情，孙璚现场吟了一首离别诗，流传至今："越州城外下桥西，无数杨花衬马蹄。惆怅故人分手处，青山一路鹧鸪啼！"

朱耷登船顺江而下，就此别后，再也没有了联系和彼此的消息。

之后，孙璚在曲靖继续大隐于市，直至去世。孙璚的书画篆刻和诗词手稿在曲靖民间有不少收藏，朱耷的墨迹在曲靖民间应该也有零星流落。根据孙璚书法作品《朱伯卢治家格言》的落款"鹤髯老人孙璚时年七十有八"以及乾隆年间曲靖同知江宏道的著述《耕坞先生传》记载"先生今年七十有九"等判断，孙璚享年寿高，但何年去世，至今不详。

三百年后的今天，孙璚的书画篆刻等作品仍有极高的艺术价值，属曲靖的珍贵文化遗产。孙璚后人保存有中华民国成立时的国会参议院议员孙光庭为之题跋的《孙璚草书册页》。富源胜境关古驿道旁的清风亭内，有一块高1.84米的"鬻琴碑"至今保存完好，碑刻的右下角落款"石城孙书"，"鬻琴碑"铭记的是康熙年间富源县令孙士寅的清廉事迹。孙璚书写的"鬻琴碑"三个大字，气韵生动，神采飞扬，笔力遒劲。另有30字的楹联刻于界坊立柱上。

乾隆十二年（1747年），四川乐山人（古称嘉州）江宏道来曲靖任同知，因敬仰孙璃的人品和艺术造诣，专门为孙璃撰写了《耕坞先生传》《红叶楼记》《耕坞诗》《澹一斋咏》等传记与著述。清代咸丰《南宁县志》记载，江宏道《滇中七子》赞誉孙璃："古人不好名，名自在天壤。今人务虚誉，傲慢由兹长。未读数行书，辄作千秋想。孰知石火情，灭没还惘惘。我爱老孙公，不标时人榜。望古期黄虞，撄怀在渺漭。虚谷衷若愚，劳谦迈益往。志健精神强，思渊腹鉴朗。有道匪易能，得机乃验养。浮名不足矜，古人难与党。惭愧诸少年，闻见胡不广。"江宏道《澹一斋咏》赞誉孙璃："渊明去已久，此世鲜高人。孰与守澹一？筑室远嚣尘。菜根洵所味，专志在前民。不为外物牵，岂计贱与贫？荣华有时歇，天地无长春。何如捐众虑？止静凝吾神。啸歌以自乐，悠然忘故新。花竹聚鸡犬，烟火散四邻。逍遥适阡陌，言笑及良晨。酿秫速佳客，往复宁厌频。闭户理群籍，糟粕难具陈。其中苟会意，理得趣自真。谢手营营者，超旷似逃秦。"江宏道《耕坞先生传》赞誉孙璃："一生潇洒绝尘，不与俗伍"。孙璃与江宏道相处甚欢、情谊真挚，孙璃把诗作七绝六首，书赠江宏道（手迹现存宣威市文化馆）。江宏道笔下的孙璃，貌皎如童，鹤髯飘飘，79 岁古稀之年，仍步履如风，活脱脱的仙风道骨美髯翁。

历史长河中孙璃是曲靖的骄傲。但要注意区别，同时代云南有两个不同的孙髯翁：一个是曲靖孙髯翁（孙璃），另一个是昆明孙髯翁（孙髯），即大观楼长联作者。地方史家赵宏遝先生曾撰文指出，大观楼长联作者是曲靖孙髯翁。

# "邓尔恒曲靖被杀案"始末

　　邓尔恒（1821—1861年），江苏江宁（今南京）人，是第一次鸦片战争期间与时任钦差大臣的林则徐在广州主持禁烟抗英、留名近代史的民族英雄邓廷桢之子。邓廷桢（1776—1846年），历任云贵、两广、闽浙总督，后被发配西北，之后出任陕西巡抚、代理陕甘总督，再次与林则徐搭班子共事，对陕西、甘肃、宁夏、青海的开发与建设，有着不可磨灭的历史功绩。道光十三年（1833年）邓尔恒参加科举考中进士，被选为庶吉士（从进士中选择年轻且才华出众者担任），授予翰林院编修（从庶吉士中选拔，属皇帝近臣，正七品，主要负责起草诏书及机密文件），后出任湖南辰州府知府，其间其父病逝，回籍守孝，后补任云南曲靖府知府。在曲靖任职期间，邓尔恒平定了寻甸回民起义马二花部，白莲教起义吴美、朱顺部，招降了昆明回民起义，颇有政绩，被提拔为盐法道云南道员后，改革盐政，整治积弊，促进地方经济发展，又被举荐为云南按察使，之后升任云南布政使，咸丰十一年（1861年），被提拔为贵州巡抚，步入仕途高峰。赴任贵州途中又接圣旨，调任陕西巡抚。邓尔恒心里乐开了花，终于彻底摆脱了一直想离开的是非之地（云南、贵州）。北上陕西，途经曲靖，夜宿知府衙门别院，不料突遭匪盗夺财害命。此案震惊朝野上下，成为晚清著名奇案（"四大奇案"之一）。

咸丰年间，云南巡抚是徐之铭，邓尔恒被杀害之时，虽然徐之铭已被革职，但仍代理着巡抚一职（新任巡抚未到任），还代管着云贵总督大印。事发之后，徐之铭向咸丰皇帝报告：

"新任陕西巡抚邓尔恒赴任途中，在曲靖遇害了！邓巡抚下榻之处当晚突然闯入匪盗，邓巡抚为保护行李与之英勇搏斗，不幸被杀。我已严令追查并缉拿了作案强盗李宝等人，就地正法。"（"邓尔恒自滇赴陕，经我派兵护送，行抵曲靖时，住府衙别院……是夜，邓尔恒闻院内有贼，亲自堵门喊捕，贼李宝恨邓尔恒，闻其在内，是与其党一拥而入，将邓尔恒杀害。该府问警，传齐兵役拿获各犯即就地正法。"）

咸丰皇帝细阅奏折后，既惊诧又疑惑，因为徐之铭的"结案报告"漏洞百出。《咸丰实录》记载了四大疑问：

第一，邓尔恒自滇赴陕，徐之铭专门安排官兵护送，被杀当晚，官兵们哪儿去了？曲靖代理知府唐简等人认为邓尔恒夜宿之处的安保不甚严密，欲加派官兵巡逻护卫，为何临时被撤销了？（"邓尔恒自滇赴陕，经徐之铭派拨兵练护送。署知府唐简等既知府署不甚严密，欲派兵练巡查，何以辄复中止？"）

第二，邓尔恒乃朝廷高官，行李又不多，怎么可能冒着生命危险独自与歹徒搏斗？既然说李宝是因为邓尔恒堵住大门怀恨在心，才将邓巡抚杀害。但是，黑夜之中李宝怎么知道堵门的人就是邓巡抚本人呢。因此，李宝不可能仅仅是为了图财去害命，寻仇才是目的吧？（"窃盗拒捕伤人，固属常有之事。惟邓尔恒系属大员，又自称行李不多，何至轻身堵门喊捕。即谓该犯李宝系因怀恨，故将该抚杀害。然昏夜之中。何以知堵门喊捉之人，即系该抚。且知李宝之杀该抚，实为挟仇起见。"）

第三，既然盗匪皆已逮捕归案，为什么不送省城昆明审讯而是就地正法？这不明摆着有意造成死无对证吗？（"在场各犯，既已就获，该府等自应迅速解省，听候审办。何以遽将各该犯正法。以致无可质对。"）

第四，邓尔恒身边随从和仆人，同处一室，应该目睹了被害之情形，怎么没有他们的证人证言呢？（"尔恒既留两仆在内伺候，则被害情形，均应目击。何以并未取有供词。"）

综上所述，咸丰皇帝很生气，于是，要求新任命的云贵总督刘源灏，你别磨蹭了，赶紧去云南赴任吧。到任后，立刻调查邓尔恒被害情况，给我写个详细报告（《咸丰实录》记载："前据刘源灏赴京请训，谕令不必来见。赶紧前往云南。本日据徐之铭奏：调任巡抚邓尔恒行至曲靖府被贼戕害一摺，并将曲靖文武原禀抄录呈览。""细阅曲靖文武原禀，情节种种支离，殊多疑窦，徐之铭并未驳斥，辄行据禀入奏。以大员被戕之案，并不彻底严究，辄草率了事，实堪诧异。"）

曲靖是邓尔恒官场发迹之地，什么盗贼如此胆大包天，居然敢在知府衙门别院杀害朝廷二品封疆大员，背后的原因又是什么？徐之铭有什么底气，敢以这样的奏折糊弄皇上？

关于邓尔恒的被杀，有两种说法都指向云南巡抚徐之铭。一种说法是：此人独断专横，贪婪无度，治下官民怨声载道，且徐之铭太好色，丑闻不断，身为云南布政使的邓尔恒曾多次当面劝说并加以指责，并在即将离任之时声称要参奏他，徐之铭害怕邓尔恒参奏，便派心腹党羽、副将何有保雇凶暗杀。另一种说法是：何有保在徐之铭的长期庇护下胆大妄为、无法无天，经常抢劫来往客商财物，甚至途经和调离的政府官员也难幸免。邓尔恒离滇赴任，派人护送行李先行，途中被人打劫，认定是何有保指使，扬言要参奏严惩，故被何有保派人杀害。

徐之铭，贵州黎平府开泰县（今贵州省黔东南苗族侗族自治州锦屏县）人，道光十六年（1836年）进士，翰林院庶吉士，道光二十五年（1845年），出任四川保宁府知府，咸丰三年（1853年），任陕西潼商道道台，咸丰四年（1854 年）升湖北按察使，咸丰七年（1857 年），补湖南按察使，后平调云南按察使，咸丰八年（1858 年），升云南布政使，之后提拔为云南巡抚，因在剿匪平乱中屡立战功、声威显著，咸丰十年（1860 年），被授予代理云贵总督头衔。

当时的云南和贵州，情况复杂混乱，官场腐败，拉帮结伙，加之民族矛盾异常尖锐，徐之铭是贵州人了解云贵民情，且军事才干突出，被咸丰皇帝授予剿灭西南叛乱的重权。但徐之铭并不完全按照朝廷旨意办事，而是借此机会暗通叛军，培植个人势力，把控地方，妄图"独霸云南"。当时的云贵总督张亮基认为事情太棘手，称病请假，故而咸丰下令刘源灏为云贵总督，前往办理此案，刘源灏却不敢前往云南，也称病不去就职。新人不来，老人按捺不住，张亮基等不到刘源灏，径自离开了云南。徐之铭逼走张亮基，其后的三任云贵总督、两位云南巡抚都不敢或不愿赴任，就这样，徐之铭在被革职后的几年时间里，直至去世前，依然把持云南军政，还委任、指派贵州的地方官（云贵总督大印由徐之铭代管）。朝廷无法，一面任命不惧徐之铭且不怕死的老臣潘铎署理（代理）云贵总督，一面强行要求张亮基回云南，与潘铎会同审查邓尔恒案，并乘机处理徐之铭。潘铎带着圣旨，领着家人，专走隐蔽小路，孤身秘密进入昆明，忽然间出现在徐之铭面前并当众宣读圣旨，后在四川总督骆秉章武力支援下才震慑住徐之铭的部队。潘铎虽然处死了杀害邓尔恒的其余凶手，但也一直不敢查办徐之铭。徐之铭后来在征剿叛乱中，于 1864 年安然病逝，而潘铎却在徐之铭病逝的头一年，被杜文秀的回民起义军杀害（有史家认为是徐之铭主使）。

咸丰皇帝当然知道徐之铭在邓尔恒被杀案中嫌疑最大，但为了平灭西南民乱，就没有认真追究其责任。咸丰驾崩后，肃顺等顾命八大臣也没有追究此事，慈禧杀肃顺后亲掌大权，还是没有处理徐之铭。他们不约而同地认为：国家动乱之际，最紧要的不是惩处徐之铭，而是要让他死心塌地为朝廷卖命，因为天下经不起再折腾了（邓尔恒被杀头一年，即 1860 年，英法联军攻占北京火烧圆明园）。若是和平年代，徐之铭就是有三头六臂也早就搬家了，混乱年代，历史就是如此，稳定是头等大事。徐之铭在云南官场浸淫日久，且生性十分狡诈，受贿索贿，心狠手辣，坐视手下为非作歹而不管，不仅纵容手下横行霸道，而且唆使他们假扮强盗，拦路抢劫，其中最恶毒的就是何有保。何有保本是徐之铭家奴，徐之铭以战功为借口，不断向朝廷推举提拔，逐渐升至副将高位（相当于省军区副司令）。大凡有调离滇地的官员出境，就亲自带人或者安排人去抢劫。抢来的钱财，多数上交徐之铭，徐之铭再层层上送，构织保护网。（《马龙县志》载："何有保，今马龙县通泉镇长坡岭人，其父为马龙老营守将。何有保自幼顽劣……投靠徐之铭。因帮徐之铭敛财有功……成为云南巡抚徐之铭的副将，带领团练驻扎曲靖府城。"）

被打劫的官员，因自身也不干净，有苦难言，很多时候只有忍气吞声。咸丰十一年（1861 年），邓尔恒被提拔为贵州巡抚，后又改任陕西巡抚，偏偏此时传来消息，他的行李在滇贵边界被人抢夺了。邓尔恒心知肚明，敢抢他行李的，非何有保莫属。随后，在徐之铭专门为他饯行的晚宴上，邓尔恒当着徐之铭的面怒斥了此事，并扬言要向圣上禀报。徐之铭知道邓尔恒在云南为官多年，从知府、道台到藩台，一步步走过来，对他的底细最为掌握，若邓尔恒当真向皇帝状告，后果不堪设想！于是起了杀心，心里暗暗嘀咕："老子远处边地云南，皇帝都不曾惧怕，还怕你个即将赴任外地的巡抚？"

最终，邓尔恒被谋害了。为首的两个人叫史荣和戴玉堂，他们不但杀了邓尔恒，而且再次抢走了邓尔恒的钱财。主谋的当然是徐之铭，雇凶并具体安排的就是何有保。

封疆大臣被杀，非同小可。不过，徐之铭并不慌张、并不害怕。最终，咸丰皇帝决定让新任云贵总督刘源灏赶紧前往云南："迅速密访细查，据实具奏，务期水落石出，不准稍存徇隐消弭之见"。谁知，刘源灏老奸巨猾，知道此番查案凶多吉少，弄不好丢了性命，索性装起病来。迟延半年之后，实在躲不过去，干脆告老还乡了。

一个新任巡抚，说死就死了，而且死得不明不白，激怒了不少言官。他们纷纷上折，要求皇帝查明真相，严惩凶手。此时，咸丰皇帝已经驾崩，新任皇帝同治年幼，两宫太后（慈禧、慈安）垂帘听政，不得不下谕旨："邓尔恒被杀之案，日久未预查办，无以彰国法，着张亮基迅速驰赴云南，彻底追查邓尔恒之案。"为了确保查案没有阻挠，两宫太后还革去了徐之铭的巡抚一职。

邓尔恒被杀后，戴玉堂因为私藏邓尔恒财物，被何有保毒打了一顿，戴玉堂气愤不过，纠集同伙杀了何有保，夺了何家丰厚资产。官府把史荣和戴玉堂二犯缉拿归案后，诛杀了给邓尔恒抵命，把已死的何有保开棺鞭尸，算是做了个交代。朝廷颁诏："尔恒依阵亡例赐恤，予骑都尉世职，谥文悫"。徐之铭却逍遥法外，因为办案人也害怕徐之铭，都知道他署滇时间长，党羽众多，弄不好竖着进云南，再横着出云南。最终上报朝廷，说徐之铭并不知情，一场巡抚杀巡抚的大案，就这样稀里糊涂地结了案。

邓尔恒名垂青史，被后人津津乐道，并不是"曲靖被杀案"，也不是什么官职政绩，而是咸丰二年（1852年）在曲靖城南三十多公里的扬旗田村发现"爨宝子碑"，让消失近千年的文物重见天日。据传说，这块石碑是乾隆四十三年（1778年），一户靠种地和做豆腐为生的农家，在自家地里耕种时偶然挖到并用牛车拉回，用于压制豆腐的工具。邓尔恒因为爱吃豆腐，看到厨房豆腐上有文字印痕，以之为线索，天意般神奇地寻找到"爨宝子碑"时，此碑已在该农户家历经三代人、使用了 74 年（用"爨宝子碑"压制豆腐，纯属民间故事。因为几百公斤的石碑，不难想象会把豆腐压成什么样子，且豆腐未成形之前是用纱布包裹，无论"爨宝子碑"用作压板还是用作底板，都不可能留下碑文字迹。况且，邓尔恒见到的豆腐，或许是曲靖人最爱吃的灰豆腐或臭豆腐呢。所以，"爨宝子碑"不可能用作压板，只可能用作晾晒、摆放成品豆腐的案板，时间久了，勉强可能留下碑文痕迹）。邓尔恒在碑后作跋，记录碑的出土及移置经过，并在原址上重立了一块记事碑，被后人称为"邓尔恒碑"。"邓尔恒碑"与"爨宝子碑"形制相似，记录了"爨宝子碑"的立碑年代以及移置该碑的年代和地点。"爨宝子碑"的发现，影响深远，意义重大，誉满中外，阮元称它"滇中第一石"，康有为赞它"已冠古今"。

# 曲靖悲歌

## ——从孙可望攻陷曲靖城看曲靖人民的气节

曲靖，是一个流传着很多故事的神奇地方。

曲靖老城，若以西汉元封二年（公元前 109 年）汉武帝刘彻批准置味县来算，有两千多年历史，若以唐朝贞观八年（公元 634 年）李世民同意筑石城取代味县来算，有一千多年历史，若以明朝洪武二十年（公元 1387 年）朱元璋指示建南宁府城来算，也有六百多年历史。残留至今的明清老城，延续了六百多年，是曲靖悠久历史和古老文化看得见摸得着的例证。

史书记载，曲靖老城 1387 年由明代首任曲靖卫指挥使刘壁率军民建设，前后用时 33 年，直到 1420 年完工。坊间流传，曲靖老城和昆明老城（始建于 1382 年）都是明代著名堪舆家（风水家）、地理学家、建筑家汪湛（藏）海仿照西安古城与南京古城设计的，曲靖老城的图纸后来还用于建造澳门老城。当年，汪湛（藏）海应沐英之邀请，专程到昆明踏勘选址、规划设计昆明老城，这个有史籍可考，但是，查不到来过曲靖的任何官方记载。因此，作者认为，汪湛（藏）海应该没有到过曲靖，理由是：如此大事、如此大人物，如果来过曲靖，史籍没道理不记录。关于汪湛（藏）海，史家众说纷纭，争议颇多，有说其人历史上真实存在的，也有说属臆想出来子虚乌有的人物。

清康熙《南宁县志》记载：曲靖府城，周长六里三分，高有三丈，厚如之，雉碟高一丈，垛口一千六百三十个，设了四门，东门为乐耕，南门为莱薰，西门为胜峰，北门为迎恩。在四座城门上建有木结构的城门楼，双重楼飞檐式。城内有 38 条街巷，街宽 6 米，巷宽 4 米，其特点是"四门错落不对开，巧布八条丁字街，九对巷道十字路"，著名的建筑有"三寺、八庙、九阁"等。

明朝崇祯十七年（1644 年）11 月，张献忠领导的农民起义军攻下成都后，建立大西政权。崇祯十九年（1646 年）11 月，张献忠在四川西充与清军作战时中箭阵亡。明朝永历元年、清朝顺治四年（1647 年）3 月，孙可望率领部分大西军由贵州经富源，于当月 28 日攻克沾益城，杀死知州白必胜等多人，29 日抵达曲靖城下，受到守城军民的顽强抵抗后，包围了曲靖城。当时，曲靖府、县两级文武官员，大多是忠于明朝的遗臣，视大西起义军为叛逆。于是，他们广泛动员全城军民，紧闭城门，日夜轮流坚守。大西军急图攻克，以期进兵昆明，虽然多次猛烈进攻，由于城内军民团结一心，同仇敌忾，加之城墙高大，大西军一时难以得手。孙可望恼羞成怒，放出狠话：破城后要屠城！

小小城池的固守，终究抵御不了大军不断强攻。曲靖城陷后，孙可望放纵部队烧杀掳掠，无恶不作。清咸丰《南宁县志》记载："城陷之日，死者填街委巷，不可胜计""是日也，城无净土，廓有丰尸，无贵无贱，同为枯骨"。据不完全统计，被逮捕杀害的有：知府宋文旦、知县陈六奇、掌印指挥张英、推官夏衍虞、副使柏承恩、按院罗国献、生员向上贵等；被杀的还有几十位知书达理的读书人；参与守城的数百普通群众也惨遭杀戮。因抗议大西军的暴行，街头聚集百余市民，高声呼喊："我们是大明赤子，要杀便杀，绝不贪生怕死、苟活于世"，全部英勇就义。更有许多威武不屈、大义凛然者，譬如：秀才钱中选在母亲的灵柩旁自缢；王寿彭携妻带母跳城墙而亡；举人史思衡夫妻抱着孩子投井而亡；柏世藩、吕元气、吴希贤三户人家关起大门自焚而亡；朱家彦、朱家璟、柏承统、王民楷等二十四人大哭先皇之后自尽；柏世阀、缪从绳、邹宗鲁、桑乔林、毛九苞等十八人，整冠束带从容就死；阮元声之妻因愤怒呵斥大西军的残暴被割乳而死；理学名儒朱服远（朱家民之子）绝食而亡。等等壮举，尸骨满城，山河呜咽，罄竹难书。

民间传说，大西军破城后，孙可望欲屠城，因意见不统一，最终没有实施。但经过密谋，命令四个城门的守军：由东门逃亡者放行，由南门逃亡者砍手，由西门逃亡者砍脚，由北门逃亡者砍头。孙可望及其指挥部驻扎于东门兵备道署（今曲靖一中），城内百姓因恐惧都不敢从东门出逃。

这道军事密令被居住在西门街一位好心的地保（为官府听差跑腿的本地人）知道了，当夜，该地保夫妇不敢耽搁，即刻向城内居民暗中传递消息，第二天早晨，城门未开，又分头到街口手指东方，向那些正在逃亡的人示意从东门出城。泄密的地保夫妇后来被大西军抓捕，挖眼割舌，凌迟处死。清军收复曲靖城后，很多逃走的居民返回曲靖城，为了感念地保夫妇，全城百姓自发筹集资金建起一座土主寺，并想方设法找到地保夫妇的遗骸，以隆重的仪式埋葬于土主寺后面，在前面正堂塑了他俩的泥身，把地保夫妇当土主世代供奉，土主寺外面的街道（西门街下段）从此改名"土主街"。这就是土主寺与土主街的来历。

一次次的沙场厮杀、鼓角争鸣，一次次的征服与被征服，演绎了无数朝代的替换更迭和文化的交融碰撞。从起义造反到流寇祸乱，历代农民起义成王败寇似乎成了定律，大顺、大西如此，太平天国也如此，受害的都是老百姓。张献忠及其之后的孙可望等领导的大西农民起义军极端残忍，在四川滥杀无辜，初入云南时也是如此，他们对统治阶级的成员刻骨仇恨，对城市富有者以及读书人特别仇视，其在曲靖城屠杀的对象主要是这些人。对于普通农民和城市贫民，若受到其攻击或作战出现太大损失，也会拿其开刀出气。因为仇富恨官讨厌读书人的心理，所以一旦有机会就会爆发出来。知识分子是一个阶层，但大部分知识分子本身也是穷苦出身，"学而优则仕"把读书人与官场捆绑在一起，使其成了受害者。大西军后来联明抗清，包括李定国在内的大部分人出现转变，以孙可望为代表的依然野心勃勃，称王图霸，最终当了汉奸卖国贼。

民间传说，自清代开始，曲靖设有三个刑场，都源于孙可望大西军残害曲靖人民的这道军令：东门放生，南门砍手，西门砍脚，北门砍头。当时，大西军砍人右手（或右脚），若伸出左手（或左脚），就砍了右手（或右脚）之后再接着砍左手（或左脚）。曲靖南城门外西侧的一处城墙下为砍手刑场，曾经有专门的砍手石墩，并在石墩上凿有圆形石孔，行刑时让被行刑者立于石墩后面并从石孔伸出一手，以便行刑者一刀剁下。西城门外南侧的一处城墙下为砍脚刑场，也曾经有与砍手刑场类似的砍脚石墩，行刑时让被行刑者由石孔伸出一足，以便行刑者一斧剁去。北城门外石牌坊下为"大劈刑场"（地点是今天的麒麟南路与南宁东路交汇处，即环形天桥十字路口），所有秋后处斩的重犯在此被跪地砍头。至明代初期，这里建有"荣封三世朱氏牌坊"（毁于1938年），北门街人朱家民，官终从一品贵州左布政使，曾被明朝崇祯皇帝诰封三代，告老还乡后建造此石牌坊。民国年间，在其南面建有"义夫坊"，土主街人赵樾，官终北洋军政府虎门要塞中将司令官，为缅怀其父而建，此外，在西城门外还建有缅怀其母的"贞节坊"（两处石牌坊都毁于1966年）。

老曲靖人骂人时会说"北门外砍头的""砍手剁脚的""砍在石牌坊的"等，不知是否与此有关联。

每次从史籍读到这段曲靖之殇，泪水总是从脸上无声地滑落。

家乡人民感天动地的悲壮与坚贞不屈的气节，与日月同辉，世代流芳，永载史册！

# 明清时期曲靖老城的科举世家

## ——以喻氏家族为例

　　明清两代，曲靖老城的科举世家，值得后人引以为傲的不胜枚举，最值得一提是喻家，一门两代，出了两个进士、两个举人、一个监生，父子四人都担任过知县及其以上职位。他们身处清朝道咸衰世，却能够洁身自好，清廉为官，竭尽所能造福地方，在历史长河中，被传为佳话，永载史册。

　　清朝道光年间，南宁县（曲靖县）诸葛街的喻氏家族，父子3人同在朝廷为官，且都是举人、进士出身。父亲喻元升，字登瀛，号旭斋、星槎，生于乾隆五十二年（1787年），嘉庆二十四年（1819年）己卯科乡试中举后，历任河北容城、大名、元城、宛平等地知县，后署理延庆州知州、知府衔顺天府治中等。任顺天府治中时，与同乡道台晏曙东、陆凉知州周师等人共同捐资于张相公庙街购房，作为曲靖会馆，以接待曲靖府到京会试的举人以及有急难的老乡等。在延庆任职期间，把曲靖的龙骨水车介绍并推广给当地人发展农业生产。在河北大名任知县时，仅用几个月时间将前任堆积的千余件案件妥善处理完毕，受到朝廷褒奖。道光三十年（1850年），喻元升病逝于任上，享年63岁。清代《容城县志》记载："喻元升，云南南宁县举人，道光十八年任，恺悌严明，案无留牍。在任二年，剔弊杜奸，豪滑敛迹。所谓古之遗爱，其庶几焉。"清代《大名县志》记载："喻元升，字旭斋，云南南宁县举人，道光十九年宰大名，惠爱良民，严于匪类。遇有大差，民间摊派有不敷用者，以廉俸垫办，不肯额外多赋一钱。壬寅夏旱，晨夕步祷，露宿斋坛，素食减膳，为民请命，旬日无倦容，霖雨应期沾足，岁大熟。遂建云雨风雷庙于郡城西关，以答神贶。县民为制作'郇雨商霖'匾额，颂其德。升京县，百姓送者数十里不绝。"喻元升次子喻怀信为缅怀追思其父，著有《皇清诰授朝议大夫钦加知府衔顺天府治中显考旭斋府君行述》一卷，传于后世。

喻元升因政绩突出、百姓拥戴，受到朝廷嘉奖，但为人谦虚低调，特别注重对家庭及其成员的教育引导。其二弟喻元恒不幸早年病逝，有遗腹子喻怀恭，喻元升不仅在经济上倍加关照二弟家，喻怀恭五岁时，因其母改嫁，喻元升与妻子吕氏（南宁岁贡生吕煜之女，知书达理）商议后，收养了喻怀恭，喻怀恭不负众望，后来进士及第。其三弟喻元善去世后，其子喻怀诚年幼，喻元升夫妇像对待喻怀恭一样，抚其长大，供其读书，视如亲子，并为喻怀恭、喻怀诚娶妻成家，成为南宁（曲靖）一带家风家教的典范与美谈。喻元升虽一生为官，却生活俭朴，去世后，除诗书传家外，几乎没有留下什么资产，但其长子喻怀仁、养子（侄子）喻怀恭考中进士，第二子喻怀信考中举人，养子（侄子）喻怀诚被举荐为监生（秀才中的出类拔萃者）。

喻怀仁，系喻元升之长子，字近之，号少瀛，生于清朝嘉庆十八年（1813年），他少年时期就能文善诗、博学多才，道光十三年（1833年）乙未科乡试中举，第14名，道光十六年（1836年）又考中丙申恩科林鸿年榜三甲第62名进士，授河北灵寿知县，道光二十四年（1844年）年八月初又出任福建罗源知县，九月下旬病故，年仅32岁。在罗源任知县 48 天，因体恤民生，摒除了罗源多年的积弊，治县有方又勤政廉洁，送葬时，罗源百姓沿街哭悼，闭市举哀，万人相送，十里哭声一片，罗源士子深受感动，一位秀才挥泪提笔写下一副千古挽联，载入史册："本朝开基二百载，清官得见四十天"。喻怀仁生前用没收的赃款建了一座桥，被百姓誉为"怀仁桥"。喻怀仁英年早逝，但生前著作不少，传世的有《听秋书屋诗稿》五卷、《江上》二卷，"滇诗·嗣音集"录其诗作十八首。

喻怀恭，系喻元升之养子，也是其亲侄子，清朝道光十三年（1833年）乙未科乡试中举，第 34 名，道光二十七年（1847 年）丁未科张之万榜二甲第 47 名进士及第，授福建建始知县，道光二十八年（1848年）迁湖北宜昌府鹤峰州知州。咸丰二年（1852 年），因讳匿等案牵连，被湖北巡抚龚裕奏报朝廷，遭撤职并交刑部议处，事息之后调陕西任知县。《清咸丰实录·卷二四二》记载：咸丰七年丁巳十二月甲戌，以筹办叶尔羌军需出力，赏陕西知县喻怀恭蓝翎，升赏有差。

喻怀信，系喻元升之第二子，字仲孚，号芳余，生于清朝嘉庆丁丑年（1817 年）。喻怀信自幼聪慧，勤学不倦，后随父至京师，在其父的谆谆教诲与影响下，"工诗能文，博通经史，诗文书法出众"。道光二十六年（1846 年）丙午科顺天府乡试中举，后被委任贵州黔西知州、贵定知县，后擢升郎岱州同知、知府，咸丰二年（1852 年）喻怀信回曲靖"守丧居家"，被时任南宁县知县的毛玉成聘为主笔重修《南宁县志》，喻怀信从修志理论到地方史实，做了大量的搜集考证工作，成书十卷，给后世留下一份珍贵的地方史料。《大理国段氏与三十七部盟誓碑》碑额上的跋文为其所作。喻怀信生平著述颇丰，有《且园三种》《敦雅堂诗文集》《漱芳词》，《滇词丛录》收其词作十九首，尤以《人鉴》著称，全书共 26 篇 148 卷，以古今之人为表率，其内容显善昭恶以诚后人，编入《云南丛书》，具有一定的文学价值与史学价值。

喻氏家族是曲靖老城科举世家的杰出代表。此外，还有不少因古代科举而被老城人津津乐道的家族。譬如：总塘街的胡家，代表人物胡洁，明朝正德三年（1508 年）进士（戊辰科吕柟榜三甲第 156 名），官至中央监察御史，巡按直隶、浙江两省，后迁光禄寺卿，明天启《滇志·卷十四·人物志·曲靖府乡贤》有专门记载，现今的中国工程院院士胡永康为其后人；北关街的唐家，代表人物唐时英，明朝正德十四年（1519 年）举人（乡试第 8 名），明朝嘉靖八年（1529 年）进士（会试第 49 名），官至右副都御史、陕西巡抚等职，史称一代名宦，清末民初的云南督军唐继尧为其后人；学院街的伯家，代表人物伯承恩，明朝万历二十八年（1600 年）举人（乡试第 11 名），官至四川按察使，史书记载："居官四十余年，所至皆有政声，公明廉恕，始终如一"，卒后，从祀乡贤，清咸丰《南宁县志·卷六·人物·乡贤》有专门记载；北门街的朱家，代表人物朱家民，明朝万历三十四年（1606 年）举人，官终从一品贵州左布政使，《明史·卷二四九》专门为其立传；东门街的李家，代表人物李希揆，明朝天启二年（1622 年）进士（壬戌科三甲第 143 名），官至吏部主事等，李家人丁兴旺，后代牛人辈出；西门街的杨家，代表人物杨本昌（"杨半城"），清朝乾隆五十三年（1788 年）举人（乡试第 27 名），清代嘉庆四年（1799 年）进士（会试第 53 名），官至从三品两淮盐运使，告老还乡回到曲靖后做过不少好事，死了入祀乡贤祠；土主街的赵家，在清代出过一名进士、五名举人，其中举人赵观国与举人赵屏国是兄弟、与进士赵棠是父子，属于了不起的书香世家，但赵家名气最大的人物是清末民初的赵樾（北洋政府振武军第三军中将军长，后任虎门要塞司令官）；老城还有陈家、何家、孙家、叶家、钱家、张家、王家、刘家、史家等取得过功名的家族，不再一一赘述。

大理国段氏与三十七部盟誓碑拓片
（支云华／摄）

"忠厚传家久，诗书继世长"。科举考试何等艰难残酷，这举人、进士哪一个不是过五关斩六将、万里挑一的牛人，考不中属于正常，考中了才是稀罕。

岁月不毁古人容颜，一方水土养育一方人，一方人眷念一方水土。数百年时空沉淀，大浪淘沙，回望这些曾经的书香门第，依然熠熠生辉，令人鼓舞、催人奋进。老城，是曲靖的根与魂；教育，是曲靖最响亮的名片，承载了太多人的无限牵挂与生生不息！

98

# 曲靖"杨半城"

清朝乾隆至道光年间，有一位誉满曲靖、闻名遐迩的人物，名叫杨本昌，祖籍曲靖县西山乡湛家屯村，生于乾隆二十年（1755年）。

乾隆三十四年（1769年），杨本昌14岁，那年大旱，他父母带着全家人到曲靖城逃荒，租住在箭道巷，靠摆地摊卖土杂维持生计。

杨本昌自幼好学，胸怀大志，乾隆五十三年（1788年），乡试中举（第27名），嘉庆四年（1799年）进士及第（第53名），授刑部主事，历郎中，后出任山东登州知府、济南知府，因贤能突出，政绩斐然，提任苏淞粮储道，官终两淮盐运使（从三品，属于超级肥差）。但杨本昌无心仕途，提前向朝廷告病（眼疾）辞去官职，嘉庆皇帝诰授"忠议大夫"。之后，回到家乡曲靖安享晚年。

杨本昌回到曲靖时，父母及长兄都已过世，两个弟弟又为官在外。杨本昌在西门街购买了一片宅地，高薪聘请著名建筑师与工匠，仿照两江总督府的缩小比例，设计并建盖私邸，取名"忠义第"，民间誉之为"杨家花园"（今天的城关小学、市第三幼儿园及周边一带）。

"忠义第"建成后，杨本昌因酷爱文艺，既善诗词、书画，又懂音律，经常邀约有相同喜好的博学之士一起搞雅集，在"忠义第"品茶喝酒、吟诗作画、吹拉弹唱。

民间传说杨本昌告老还乡时，携骡马二百多匹，其中一百多匹骡马驮的都是金银珠宝和字画古董等贵重物品。时任的曲靖知府很羡慕他收藏的字画古玩，想索要点却无从下手，于是心生计谋，有一次应邀来到"忠义第"，在欣赏唐寅之画的落款时，故作不懂落款内容请求指教，杨本昌忘了自己的眼疾是向朝廷假装的，马上高兴地、抑扬顿挫地给知府念了此画的小字落款并做内容解释，知府心想杨本昌已入圈套，于是对杨本昌讲："杨老前辈有欺君之罪啊！"杨本昌答："老夫有何欺君之罪？"知府说："您辞官以眼疾为由，但您对此画落款的小字以及细微之处都能看得如此清楚明白，能有什么眼疾，这不明摆着的欺君之罪吗？"杨本昌后悔事已败露，一时难以辩解，如果知府上报朝廷，是要治欺君之罪的，赶忙请求知府开恩，隐瞒此事，定予厚报。知府借此敲诈了杨本昌不少字画和古玩。

嘉庆二十年至二十二年（1815—1817年），曲靖连续遭受旱涝灾害，多数人家揭不开锅，被迫外出逃荒。眼看接近春分节令，还是一片荒凉景象。因缺乏谷种，农家无法春耕。新知府刚刚赴任（之前敲诈杨本昌的知府已离任），遇上这棘手之事，心急如焚地邀请当地乡贤与绅商富户到衙门议事，希望大家怜民疾苦，慷慨解囊，救助灾民。

杨本昌当即表示愿不惜千金"抚流民以复耕，予账贷以恤穷"。他派人到外地购回谷种、苞谷、豆、麦等千余驮，既保证了按时春播，又救济了灾民，曲靖百姓莫不感恩戴德，新任知府率众上门为杨本昌家挂了一块"利及群生"牌匾。

为支持家乡教育事业，杨本昌捐银二千七百余两兴办学宫并为贡院购买考生试卷。嘉庆二十四年（1819年），杨本昌独资治理南盘江，用时两个月，疏通了河道，新建桥、闸、涵洞，拓宽并加固了圩埂。有人作诗称赞："南盘江流九回肠，奔腾白石少安澜。东园创下大禹业，管教洪水不再残。"

由于连年旱涝，一些本来就很贫困的家庭，陷入了极度贫困。为解救这些人家，也为组织群众生产自救，杨本昌发放"信用借贷"，即凡有实际困难者，不论借钱多少，只需请个保人，立字为据，即予借贷。当时到"忠义第"借银的，无一人空手而归，因此杨本昌被民间称作"救人救命的活菩萨"。

**清朝两淮盐运使杨本昌"忠义第"旧居**
**（张志永 1963 年写生，戴兴华翻拍于《张志永画作》）**

有的人家因借贷多次，到期无力偿还，自感愧对杨本昌，遂将自家的房产、铺面、土地等，或典或卖交予杨本昌。当时杨本昌出于体恤的心情，所以不论是典是卖，都与之立字抵债，了却这些人家"欠债已还"之心愿。但是，凡以房地产抵债的困难户，立字以后，杨本昌仍让原房主继续使用，并明确告知："所有权属杨姓，使用权属原主，待出字人去世后，始收归杨姓。"这样一来，大家都说杨本昌"不是为了买房置地，赚取不义之财，而是为了修荫积德，扶危济困"。于是，愿意将房地产抵债的越来越多，到了道光初年，杨家房地产遍及全城，故称"杨半城"。

道光十一年（1831年），杨本昌病逝，享年76岁。道光十六年（1836年），杨本昌被官府以隆重仪式祀为乡贤。

如今，"忠义第"及其主人杨本昌都已不复存在，"杨半城"创下的大好家业，传到第三代就逐渐败落了，但杨本昌造福桑梓的不少事迹，却广泛流传，感人至深。

# 刘九庵弃官出家曲靖翠山朝阳庵始末

明朝崇祯十一年九月十二日至二十二日（1638 年 9 月 12—22 日），徐霞客在曲靖翠山（当时称翠峰山）游历时，被雨隔阻山中，考证了位于山腰的朝阳庵，在游记中记载：

> "朝阳庵为刘九庵大师所开建者，碑言师名明元，本河南太康人，万历庚子有征播之役，军门陈用宾过此，感动德行，为建此庵。"

翠山朝阳庵是刘九庵大师开创，庵中碑刻记录刘九庵法号叫明元，其碑额称玄翁大和尚，原本是河南省太康县人，曾经科举考中进士，后担任监察御史，嘉靖四十三年（1564 年），到曲靖府公务出差后，在翠峰山弃官剃发为僧，不问世事，潜心修行。万历二十八年（1600 年）征讨播州宣慰司战争期间，云南巡抚陈用宾路过这里，被刘九庵的操守品行感动，专门为之重新修缮了朝阳庵。刘九庵大师圆寂后，陈用宾下令按照儒家礼节将刘九庵厚葬在朝阳庵左侧的一个平坡上（该坟墓至今尚存，如下图）。

当年刘九庵乡试中举后，于明朝嘉靖十七年（1538 年）进京会试，取得三甲进士第三名的好成绩，朝廷赐予同进士出身，授都察院都司，

刘九庵墓
（戴兴华/摄）

后来官至左副都御史（从二品），负责监察、纠劾事务，兼管审理重大案件和考核官吏。

嘉靖四十三年（1564年），刘九庵奉旨巡查云南各州府按院事务来到曲靖，曲靖知府率大小官员在北城门外康桥河边恭迎。不用几日，公务就完结了。因巡查期间曲靖知府多次推介，城西不远处的"翠峰乃曲靖名峰，秀拔为此中冠"，自唐宋以来为滇东名胜，古刹高僧，景色秀美。刘九庵决定在离开曲靖之前，亲自登临翠峰山探其究竟。一日大早，进到山里，林深树密，满目苍翠，藤木倒垂，泉流飞瀑，大小寺庵错落别致，掩映其间，重峦叠嶂，仿佛误入了画景。行至护国寺外，一老方丈引众僧尼已在路口恭候。老方丈上前合掌道："知府已通知贫僧等在此恭迎，大人辛苦了，请到寺院品茶小憩。"刘御史与随从步入护国寺（又称翠峰庵、旧寺，乃翠山最早的寺观，始建于唐代），见院内古木参天，曲径通幽，松柏成荫，丹桂飘香，兰花、月季、菊花、茶花

104

等争奇斗艳，别有洞天。老方丈献上香茗，向刘御史介绍山中"九庵十八院"的情况及"恍若九天"牌楼等建筑。稍事休息后，刘御史随众僧尼游览翠峰山。一路上，刘御史谈笑风生，心情极佳，吟诵着唐代常建的诗"清晨入古寺，初日照高林。曲径通幽处，禅房花木深"以及李白的诗《梦游天姥吟留别》最后几句"世间行乐亦如此，古来万事东流水。别君去兮何时还？且放白鹿青崖间，须行即骑访名山。安能摧眉折腰事权贵，使我不得开心颜！"

当晚留宿翠峰山护国禅寺。

翠山护国寺
（戴兴华/摄）

第二天清晨观赏了日出后，吃过早餐，准备去山顶的翠和宫游览，出了寺门，见到几个卖新鲜核桃的山里人在寺门口歇息，刘御史随意买了些刚剥掉皮的，折回放入厢房柜子里，并叮嘱随侍的丫鬟在护国寺等候，估计傍晚方能返回，不要让闲杂人随意出入厢房，以免东西丢失。当天日落后，刘御史回到护国寺厢房，茶间想起早上买的核桃，打算拿出来和大家分享。拉开柜子一看，只见零零散散所剩无几了，忙问随行的丫鬟怎么回事，可有人进入厢房，丫鬟回答："老爷，自你们出去之后，没有任何人来过厢房。"刘御史非常生气，质问丫鬟："柜子里的核桃难道长翅膀飞啦？一定是你偷吃了还不承认。"丫鬟战战兢兢、语无伦次地辩解自己并不知道老爷把核桃放在柜子里。刘御史板起面孔，用大堂审犯人的语气吓唬她："如不从实招来，就要家法侍候。"可怜这位胆小柔弱的女子，惧怕被用刑而跪地求饶，并稀里糊涂承认了偷吃核桃。刘御史怒斥："这贱丫头，先将她锁在房里思过，再听候处置。"被关在厢房里，丫鬟悲伤哭泣，思前想后，认为背个盗贼名既冤枉又委屈，今后更没脸面见人，不如以死来洗刷自己的清白。于是，从窗子翻出溜到厢房后面一棵树下，解下腰带准备上吊。话说这件事后，刘御史也后悔自己态度蛮横，想去安慰下她，当发现不见了人，警觉事情不妙，急忙吩咐大家分头四下寻找。看见丫鬟正在上吊，赶紧奔至树下解救后好言劝说，才避免悲剧的发生。当晚，刘御史就寝后辗转反侧，难以入眠，他想这丫头平时温顺勤快、本分老实，以死来证明清白，绝不会是她偷吃的，那么柜子里的核桃为什么不翼而飞？到了二更时分，厢房有老鼠吱吱嘎嘎的声响，刘御史烦躁，起身手持烛灯查看，原来这厢房年代久远，有不少老鼠洞，又突见老鼠洞口有不少核桃及核桃壳，于是拉开柜子仔细察看，发现柜子里也有两个老鼠洞，柜子附近还散落着不少核桃。刘御史此刻才明白，冤枉了这位忠实的丫鬟。刘御史躺在床上，反复深思今天发生的这件事情，作为一个司法官员，稍有不慎就将害死这位无辜的丫鬟。回到曲靖府衙后，刘御史突发奇想，又玩了这么一出：将两个硕大的桃子放在案桌上，并告知大家他要外出巡查，却悄悄躲在暗处从缝隙窥看，结果桃子被老鼠偷吃了。刘九庵假装不知情，稍晚假装返回后，故意对看守庵堂的门子说："你为什么把桃子偷吃了?"门子说:"我没有偷吃。"刘九庵便呵斥他:"这里只有你一个人,不是你又是谁,如果不承认,我将对你用重刑。"门子害怕受刑,妄自承认了。刘九庵又问他:"你偷吃了桃子,把桃核丢哪里了?"门子只好另外找了两个桃核来充当,并说:"这就是那两个桃子的桃核。"

通过这两件事,刘御史深深拷问了自己的灵魂和良知,感到:天下之大,衙门层层叠叠,被冤枉的人究竟有多少啊。加之联想到嘉靖皇帝一心修道,追求长生不老,长期不上朝,将大权交由内阁大学士严嵩。严嵩独揽大权后,专横跋扈,打击异己,无恶不作,顺之者昌,逆之者亡,不少忠良被陷害逼迫,冤屈致死。想着自己毕生的抱负是做一个公道正派廉明的好御史,绝不能与严嵩等同流合污,但要洁身自好、秉公执法又必将遭到严党们的加害。经过反复权衡,刘御史打算放弃官职,到翠峰山剃度为僧。

刘九庵决定遁入空门,自然遭到夫人、子女及亲友们的强烈反对,但他出家意决,众人无奈,只好随他。刘御史即以身体多病为由向朝廷请辞,得到皇帝恩准后,交接完工作并安顿好家务,便启程曲靖入翠峰山建寺静修,直至去世。

明朝万历二十八年(1600年),云南巡抚陈用宾平复贵州遵义土官杨应龙叛乱后,返昆明途经翠峰山时得知此事,感动并钦佩于刘九庵看破红尘、弃高官而为僧的气节和情操,将刘九庵居住的寺重新修缮,并取名"朝阳庵"。刘九庵圆寂后,陈巡抚专程到翠峰山凭吊,并指示以儒生之礼将其葬在朝阳庵左侧平地上。本来佛门高僧圆寂后,应建佛塔藏舍利,陈用宾礼葬刘九庵,应该有其深刻含义。

刘九庵的墓碑在曲靖翠山至今保存完好,制形如民间坟墓,仔细辨认,为清乾隆四十三年(1778年)朝阳庵住持普宽师徒所立。庵内保存的碑刻,碑文记录了刘九庵事略。

翠山朝阳庵
（戴兴华/摄）

　　刘九庵身为朝廷大员、左副都御史，巡查监督百官，足迹踏遍无数名山大川，最终选定曲靖翠山为其归宿，足见曲靖翠山在明代的名气和影响应该不小。

翠山山顶之翠和宫
（戴兴华/摄）

# 嘉靖皇帝的老师李士安

　　曲靖市麒麟区三宝镇雅户村，在明朝嘉靖年间，曾经出过一位皇帝的老师，名叫李士安，属曲靖历史上一位显赫的人物，名副其实的德才兼备，可惜很多人并不知晓。

　　李士安，名彦宁，明朝成化十八年（1482年）十一月初四，出生在曲靖军民府南宁县白塔村一户贫苦农民家庭。虽然家境很贫寒，但李士安从小吃苦耐劳，意志坚定，读书习武两不耽误，尤其是他的一手好字，远近驰名。村里动笔之事非他莫属，排忧解难少不了他。但凡关键的时候，李士安总是能够挺身而出，竭尽全力，不计得失。村民之间发生了纠纷矛盾，也常常找他调解，所以年纪轻轻就威望极高。加之心胸豁达，眼界宽阔，厚道正直，更为全村老幼所赞许。他年少时曾考中过秀才，因家贫一直未参加乡试，大家都为他惋惜。正德十年（1515年），南宁县教谕李光灿联合多人签名，集体向朝廷举荐，李士安以"德才兼备、年轻有为"选（拔）贡入官，那年他已33岁。后来被委派到鲁王府任王府教授。由于李士安博学多才，低调谦和，踏实做事，在鲁王府获得普遍赞誉，之后得到安陆王（兴王朱祐杬）的重视与赏识，朱祐杬非常器重李士安，上报朝廷批准，于正德十三年（1518年），把他调入自己的王府担任长史，执管王府事务及政令，对李士安寄予厚望，并让其子朱厚熜拜学于他。此后，李士安在兴王朱祐杬的封地湖广安陆州（今湖北省钟祥市），不仅用心教授朱厚熜，而且更加谨慎安分地打理王府事务。

正德十六年（1521年）四月二十日，正德皇帝朱厚照病逝，朱厚照没有子嗣，在其弥留之际，内阁首辅杨廷和与朱厚照生母张太后及诸大臣商议，欲立安陆王朱祐杬的世子朱厚熜为帝，并以正德皇帝朱厚照的名义颁布诏令，敕令朱厚熜缩短守孝期（其父去世一年多，孝期三年未满），即刻承袭兴王爵位。五天后，诏告朱厚照驾崩，朱厚熜被正式确定为皇帝继承人。太后懿旨，派出皇使到安陆州迎立新君，敦促朱厚熜急速回京打理国事。朱厚熜生母蒋妃为人贤淑，知书达理，与朱厚熜话别时，语重心长地反复叮嘱："吾儿此行，入承大统，凡事多请教李先生，切勿妄言"。朱厚熜唯唯承诺。临行时，听从李士安所言，从湖广到京城沿途所经地方，慨绝馈献，行殿供帐，一切从简。民间传说，朱厚照驾崩前，大臣们与张太后曾议立三人，先到者为君，后到者为臣，远在安陆州的朱厚熜得知消息，装作囚徒，一路畅通无阻赶到京城登基为帝，另外两位，要么坐着八抬大轿，要么骑着高头大马，一路上不断接受途经之地官员们轮番的热情招待，推杯换盏，游山玩水，走走停停，误了时间，无缘帝位。

朱厚熜到京继位的第二年（1522年），将国号改为"嘉靖"，拜李士安为太常寺少卿。虽然李士安爵位不高（从三品），但嘉靖皇帝待他很谦恭，尊其为"国师"，执礼仍如在安陆王府时一样。李士安在京为官，住宅简陋，生活俭朴，虽贵为帝师，但低调谦让，谨言慎行，赢得朝野上下一致好评。嘉靖皇帝见他清贫如洗，多次要赏金赐银，都未接受，提出为他建造府邸，也婉言谢绝，荫封子孙世代为官，更是推辞。李士安向嘉靖皇帝进言，关心百姓疾苦，减免田粮税赋，扶持文教，整

110

顿吏治，勤于政事，"民之治乱在于吏，国之安危在于政"，并提议将安陆王府的田地永久改为学田，用于培养人才，得到嘉靖皇帝的赞许。

李士安为官三十余年，刚正不阿，两袖清风，其"四不受"声名远播，赢得朝野广泛赞誉，即：建府邸不受；赐金银不受；派侍卫不受；荫其子孙不受。为官五十余年的四朝元老、内阁首辅杨一清（云南安宁人），被李士安"清正廉洁、任劳任怨"的品行感动，慷慨题词，由衷地赞美他："圣朝之英，南方之杰。朴茂老成，正直卓越。佐王弼帝，忠贞廉洁。勋在旂常，名登卿列。"

李士安年满七十岁的时候，看到嘉靖皇帝不像过去那样勤勉清明，已听不进忠言，且奸臣严嵩结党营私，专权擅政，横行朝廷，把国家搞得混乱不堪，经济凋敝，矛盾突出，怨声载道。他多次进谏又没有结果，于是心灰意冷，加之年事已高，既不愿同流合污，又担心遭到严党陷害，于是，请求朝廷恩准告老还乡，颐养天年。嘉靖皇帝感念旧情，准予还乡，并特殊荣宠他"准予在籍奏事"（就是以庶民身份，可以在家里直接给朝廷启奏事情）。李士安离京之前，嘉靖皇帝安排画师画下李士安肖像永存纪念，并赐给他一把太师椅。

李士安返乡路上凡经府县，都是悄悄通过，从不以帝师之名惊动各地官员。李士安回到曲靖故里，于嘉靖三十四年（1555年）二月初八病故，享年73岁。嘉靖皇帝闻讯后，为敬师生之礼，亲自为李士安在京举哀，并传旨在其家乡白塔村路口建"国师坊"，铭文表彰，并在其墓道左右建"下马碑"，意即"文武官员军民人等经此驻轿下马"，以示尊重。《南宁县志》记载："国师、太常寺少卿李彦宁墓，在城南十五里白塔村。嘉靖三十四年赐祭葬，敕建国师坊表。其墓道左右有下马碑。"

李士安去世一百五十多年后，到了清朝康熙四十七年（1708年），新任南宁知县王汋（河南人，举人出身）为编撰《南宁县志》，专程去白塔村拜谒李士安墓，但时过境迁，"国师坊"与"下马碑"早已荡然无存，旷野荒草之中徒留几块倒卧的残碑断碣，呼呼风声，仿佛在倾诉曾经的辉煌。后来王汋知县又多次派人去查询和调研，访遍李氏后人，由于年代久远，家谱早毁，文物散失，史料难觅，只留口口相传，实在难以考证清楚。

　　为了让后人记住这位杰出的乡贤，王汋撰写了《明国师少卿李公墓表》，收录于《南宁县志》。《明国师少卿李公墓表》记载："虽然公处遭逢之盛，而才智不形、淡情宠禄，宁求利物不私于己，不恤于家。求诸古人，当亦无几！"

　　在知县王汋的倡导下，白塔村村民为纪念本村出过这样一位了不起的历史人物，于康熙四十八年（1709年），将白塔村更名为雅户村，雅户村一名沿用至今。

# 朱允炆历险曲靖东山寺

这是一则在曲靖民间流传了上百年的故事，而非史实。

朱允炆是朱元璋的孙子，朱元璋的儿子朱标（朱允炆之父、当时为太子）患病去世后，朱允炆被立为皇太孙。坊间流传，朱元璋病重驾崩前，曾把朱允炆召至床榻边嘱咐："允炆，虽然我把皇位传给了你，但我不放心你四叔朱棣，你登基后朱棣随时可能谋反，若到万分危急之时，你就化装成僧人逃出皇宫后，出家去吧，我已替你准备了僧衣僧帽。"朱元璋死后，朱允炆嗣位，为明惠帝，改年号建文。果然不出朱元璋所料，那些分封在各地的藩王们不甘心，于是暗中串联，挑起种种事端。朱允炆十分火大，决定对拥兵自重的诸王强硬地进行削藩，以加强中央集权，巩固皇位。削藩政策实施后，分封在北平的燕王朱棣深感危机，以"清君侧"为名起兵反叛，史称"靖难之役"，长达 3 年。朱棣的军队攻陷了首都南京，朱元璋病榻遗言被应验。大臣们为保朱允炆性命，取出僧衣僧帽，让朱允炆穿上并把他的头发剃光，然后纵火焚烧宫殿，造成死亡假象。

朱允炆人间蒸发后隐姓埋名，打算远赴云南避难。因为云南世袭黔国公是沐英的第二子沐晟，沐英是朱元璋的义子，与朱允炆之父朱标交情深厚，朱允炆与沐晟也是自幼同居宫内，感情甚笃，而且沐晟对朱允

113

炊很忠实，此番落难前去投奔，应是最佳选择。

朱棣攻占南京后，派人四处寻找朱允炆，但活不见人，死不见尸。下诏革去建文年号，把京城迁往北平，把北平改为北京，年号改为永乐，燕王朱棣继位后称成祖皇帝。但对于建文帝朱允炆是否已死，成祖皇帝朱棣实在不放心，如果还活着，那么自己的皇位就不合法、坐着也不踏实。朱棣派出亲信宦官郑和，选大船六十二艘，载三万七千多人游历外洋，名为宣示威德，实是寻踪建文，最后无果，便以建文帝已病故做了结论。

据说朱允炆为躲避叔父朱棣的迫害，装扮成三游和尚背着七弦瑶琴，赶斋化缘逃往云南避难。历经千山万水行至曲靖府东门外东山寺（也称报恩寺），抬眼望去，面前是一座不小的寺院。明朝末年徐霞客游东山寺时在游记中写道："出曲靖府东门半里入东山寺，建有大殿，前列楼配之，置宏钟之大，余所未见也。殿左还有藏经阁。"朱允炆此时疲乏不堪，又渴又饥，见了东山寺认为可暂时藏身，待养足精力，再动身赶往昆明。入得寺来，主持方丈见他仪表不凡，谈吐文雅，随身还背着七弦琴，便收留了他。第二天午后，方丈邀他到厢房抚琴一曲，朱允炆进入厢房时方丈未在，感觉此室还算雅致，举目看见东面墙上挂有一幅水墨丹青，乃北宋著名书画家米芾所画，为辨别真伪，朱允炆拟将此画揭下来细看落款的日期与印章，猛然发现画的后面还有内室，瞅见一位美艳的妇女正斜躺在床上，朱允炆大吃一惊。正好这时方丈进来，见此情景恼羞成怒，挥手跺脚大骂朱允炆："你这不知好歹的该死秃驴！别怨我不给你活路，谁叫你坏了我的好事！"

原来此僧表面称佛诵经，私下贪恋女色，在厢房内设置暗房，把年轻美貌的妇女藏匿其间并与之私通。此等隐秘被识破那还了得，按大明刑律僧人淫乱要处以极刑。

　　方丈将朱允炆关押在后院小屋。落到此般境地，朱允炆泪如雨下，悲伤无比，往事不堪回首，还好随身携带的七弦琴仍在，此时此刻夜深人静，就用琴声来抒发满腔的悲愤和惆怅吧！

　　正好这几天黔国公沐晟在曲靖府公干，住宿于东门街迤东兵备道署（今曲靖一中内）。恰巧当夜带卫兵登城墙巡视，巡至东门城楼的太阳阁歇息时，隐隐约约听到相隔不远的东山寺方向传来凄凉哀怨的琴声（直线距离不足 500 米）。沐晟跟随父亲沐英和大哥沐春平定云南有功被封侯在云南，过去在京时常随沐英入宫朝拜朱元璋，幼时居于宫中读书受教多年，熟知宫廷琴曲，细听此琴声，分明是皇家曲谱，实感不妙，心想莫不是建文帝流落曲靖，正处于危急蒙难中。他急忙率侍卫顺琴声方向寻到东山寺，侍卫敲门，开门的正是方丈，见是位将军忙施礼，沐晟问方丈寺中为何有琴声？方丈搪塞不过只好说："敝寺一小僧。"沐晟要去看，方丈不敢违拗只得开锁放出朱允炆。沐晟见到建文帝忙行君臣之礼问明事由，叫侍卫拿下方丈交知府衙门问处。朱允炆随沐晟至迤东兵备道署秘密住下，第二天由沐晟护卫转往昆明，之后隐藏于昆明西山华亭寺（今华亭寺门口一株银杏相传为朱允炆所植），再之后，因朱棣追寻朱允炆的风声越来越紧，迫不得已又迁往楚雄武定狮子山。

　　朱允炆出家楚雄武定狮子山后，寺里塑有建文皇帝像，武定知府撰写的一副对联流传广泛：僧为帝，帝亦为僧，数十载衣钵相传，正觉依然皇觉旧；叔负侄，侄不负叔，八千里芒鞋徒步，狮山更比燕山高。

　　成祖皇帝朱棣死后，他的儿子朱高炽继位，年号洪熙，但朱高炽在位时间太短，不足一年又驾崩了，后由朱高炽的嫡长子朱瞻基即位，年号宣德。此时，建文帝朱允炆的政治影响已经消失，不足以构成对现政权的威胁，在位的朱瞻基已是他的晚辈。传说（纯属传说），后来朱瞻基派人将朱允炆接回了北京，安享晚年，直至过世。

朱允炆历险曲靖东山寺的故事，反映了曲靖人民朴实的心愿和对他的深深同情。朱允炆无疑是个悲剧性人物，善良的人们编出许多关于他的传说，至于是真是假，已经不重要了。人人离不开政治，也逃避不了政治，《剑桥中国明代史》指出："关于建文朝代的幻想故事和传闻轶事在下一个世纪仍然不断地出现。这些传说变成了人们发泄压抑情绪的通风口，是他们在极权统治下对要求仁慈和正义的呼吁。他们不仅戏剧化了这位皇帝的英雄事迹，使他成了悲剧式的人物；由于他们进而想纠正不公正，他们谴责永乐皇帝及其支持者们是一伙叛贼和恶棍。人民群

东关报恩寺
（张志永1961年写生，戴兴华翻拍于《张志永画作》）

众对这位先前的皇帝的同情是如此普遍，致使他被明末清初的许多叛乱领袖所利用，他们都伪称自己是他的合法的后代。在学者精英阶层中，从明代中叶和末叶起，一直有这种谴责永乐皇帝的倾向（虽然只是用掩盖的词句来写的），因为他们把社会问题看成是他的专制政策的后果，所以在这种倾向中也存在着类似的对他的同情心。乾隆皇帝在1736年决定恢复建文帝的合法地位，其部分原因便是人民和士大夫精英怀有这样的情绪。"

请注意，无论《明史》还是《明实录》的相关记载，朱允炆都是被焚烧而死。但朱允炆的被烧死，应当并非自焚而死，一些研究者认为是被朱棣烧死的，或者说是朱棣派人先杀害了朱允炆之后，再给他制造了一个自焚的现场而已。

历史有时候就是一个永远也解不开的谜团。

# 曲靖传统民俗小辑

　　曲靖民俗源于曲靖悠久的历史、厚重的文化生成与独具特色的演化环境。曲靖市世居着汉、彝、回、壮、布依、苗、瑶、水8个主体民族和其他民族，其民俗文化内容博大精深、丰富多样，乡土与生活气息浓厚，涂抹着鲜明的地域性与民族性色彩，堪称滇东各民族社会生活与历史文化的缩影。

　　富源县黄泥河畔水族姑娘小伙的"赶表""走寨"，以"即兴编词对歌"的方式，表达对美好生活的追求、倾诉对意中人的爱慕、讴歌忠贞不渝的爱情；罗平县"三江口"（南盘江、黄泥河、清水江交汇处）和多依河、九龙河、黄泥河一带布依族的"祭老人房""闹水""对歌""祭寨神"与"二月二"民俗文化节；师宗县五龙河畔壮族的"浪哨"高腔、"祭天"和"三月三"民俗文化节；陆良县撒尼族的大三弦、土风舞；麒麟区潦浒的"祭窑"、红土墙彝族的"火把节"；马龙区苗族的婚丧习俗、笙望舞；宣威市彝族的"祭山"；会泽县的"闹元宵"以及遍布曲靖民间的庙会、祭祀、摔跤、斗牛、耍龙、舞狮、走灯、踩高跷、划旱船、跑驴（假骑毛驴）、扮鹭鸶、扮蚌壳、对山歌、民间歌舞等，可谓层出不穷、多彩多姿，既充满原始生态又美妙神奇，让人流连忘返、记忆犹新。

　　辑录部分有代表性的传统民俗如下：

（一）特色文化

1. 师宗五龙乡水寨村的壮族文化

2. 富源墨红镇法土村的彝族文化

3. 富源古敢乡下笔冲村的水族文化

4. 罗平鲁布革乡腊者村的布依族文化

（二）习俗

1. 宣威务德、西泽一带的"走老丑"

2. 师宗高良笼嘎村瑶族的"度戒"

3. 师宗高良纳厦村苗族的"踩花山"

4. 师宗五龙水寨村壮族的"根寿节"（祭天）

5. 师宗雄壁大堵杂村彝族的"绑神猴"

6. 师宗彩云额则村彝族的丧葬与婚嫁习俗

7. 富源墨红的"打老牛"、富村的"奠土罐"

8. 富源水族的"祭白龙""祭龙潭""粽包节"

9. 马龙马鸣的"观音节"

10. 陆良的"丢石子"习俗

11. 陆良小百户打鼓村撒尼族的"祭窑山"

12. 陆良小百户打鼓村撒尼族的"密枝节"

13. 罗平旧屋基老寨村彝族的"祭山"

14. 罗平布依族的"祭山""闹水""登仙经"

15. 罗平布依族的"五月节"（祭寨神）、"祭老人房"

16. 会泽马路大转弯村苗族的婚丧习俗

17. 会泽新街垴包村回族的婚丧习俗

18. 会泽老厂得所村的"祭龙"

19. 会泽的"耍板凳龙""耍水龙"

20. 麒麟越州的"踢打戏"

21. 沾益白水大德基村的"女人节"

（三）音乐：

1. 麒麟的"爨乡古乐（洞经音乐）"

2. 麒麟沿江的民歌《大河涨水满石崖》

3. 会泽的"堂琅古乐（洞经音乐）"

4. 会泽民歌《一朵鲜花鲜又鲜》

5. 罗平富乐的洞经音乐

6. 沾益李家屯的洞经音乐

7. 师宗龙庆黑尔村的歌曲《小渔笋》

8. 师宗高良科白村岭黑寨的"双管竹笛乐曲"（壮语称为"哗呗"）

9. 师宗五龙保太村的花灯音乐

10. 马龙山歌《石榴花开》

11. 富源老厂阿给嘎村的彝族民间唢呐

12. 以世居曲靖的撒尼人为背景的歌曲《远方的客人请你留下来》

13. 以《采茶调》为代表的花灯（又称小唱灯）

14. 各种类型的少数民族山歌、酒歌、节庆歌

（四）舞蹈：

1. 陆良小百户打鼓村的撒尼"大三弦"

2. 马龙马鸣咨卡村的"花灯团场"

3. 马龙月望深沟的"芦笙舞"

4. 罗平旧屋基的"笋笋舞"

5. 罗平鲁布革的"竹竿舞"

6. 罗平钟山的"蚂螂舞"

7. 罗平马街歹麦村的"跳歹"

8. 麒麟茨营红土墙彝族的"酒礼舞"

9. 麒麟茨营红土墙彝族的"确比舞"

10. 沾益炎方卡居的"叠脚舞"

11. 师宗龙庆黑尔大寨的"碗舞"

12. 师宗高良纳平山村的"芦笙舞"

13. 富源古敢的"狮子灯"

14. 富源黄泥河小云脚村的"芦笙舞"

15. 富源古敢的"吞口舞(耍吞口)"

16. 宣威东山安迪村的彝族"跳脚舞"

总之,舞蹈的类型有:庆祝性舞蹈、自娱性舞蹈、祭祀性舞蹈、表演性舞蹈、戏曲类舞蹈、婚庆丧葬舞蹈、生产或狩猎舞蹈、健身习武舞蹈等。舞蹈的形式有:刀叉棍棒舞、锣钹舞、月琴舞、霸王鞭舞、器乐舞、狮舞、灯舞、踩高跷舞、板凳舞、跳脚舞("确比")、耍腰舞、肚皮舞、背面舞、手动舞、碗舞、竹竿舞等。民族乐器有:双管笛、姊妹箫、芦笙、唢呐、二胡、掌不来、长鼓、铜钹、口弦、打击乐以及巴乌、抛锣、铜鼓、葫芦丝等。

(五)戏剧、曲艺:

三百多年前,徐霞客探访珠江源途中,夜宿沾益龚家,"见其门闭","叩而知方演剧于内也"。曲靖是滇剧的发源地,戏曲表演可谓源远流长。曲靖的戏曲活动始于明朝宣德元年(1426年),历代旧志中均有戏曲活动的记载。

1. 会泽戏剧"围鼓"

2. 会泽"小唱灯"(又称"太平灯")

3. 会泽渔鼓演唱(通称打渔鼓或唱道情)

4. 师宗竹基六丘村的花灯

5. 宣威务德传统剧种"灯会"和"走老丑"

6. 罗平九龙腊庄村传统小戏《破四门》

7. 麒麟滇剧（"雷四本家"是曲靖滇剧的播种人，被称为曲靖的"戏王菩萨"）

（六）商品及工艺：

1. 会泽斑铜——斑铜工艺是会泽传统手工工艺，历史悠久，技术精湛，收藏价值高，色彩美轮美奂，被称为"中华一绝"。1914 年斑铜工艺品"斑铜鼎"在巴拿马国际博览会上获银奖。

2. 宣威火腿——火腿制作工艺，又一个"中华一绝"。孙中山先生为其题词"饮和食德"。

3. 会泽赵氏擀毡工艺和羊八碗、稀豆粉、乐业辣椒

4. 宣威倘塘的铜器、铝器与黄豆腐制作

5. 宣威西泽白糖、竹编制作，杨柳豆面条

6. 宣威龙场猫耳斗（旱烟锅）

7. 罗平鲁布格的五彩花米饭（五彩花米饭是布依人独特工艺，有800 多年历史。五彩花米饭是从山中采集天然的树叶、树花、山草、根茎等通过布依传统秘方，熬出汁液，取出红、黄、紫、黑等天然色素调入盛有上等糯米的缸中浸泡、洗净、蒸熟、搅拌、晾干，染成花米饭，清香可口，属纯天然绿色食品）和竹编、竹制工艺品。

8. 罗平的菜籽油、小黄姜、野蜂蜜

9. 罗平富乐的铜器制作、老厂的老厂酒、

10. 陆良的板鸭和麻衣馓子、糖果

11. 陆良的蚕丝制品与芳华的民间草编工艺

12. 陆良小前所小蒲箩编织品

13. 麒麟潦浒的陶瓷工艺品

14. 麒麟的韭菜花、烧饵块、凉粉、甜白酒与手工鸡蛋面

15. 麒麟的彝绣、剪纸、纸扎、面塑

16. 沾益的辣子鸡、小粑粑、踩缸酸菜

17. 马龙的荞丝、酱菜制品

18. 马龙马鸣咨卡村的火草褂编织工艺

19. 师宗的少数民族服饰工艺

20. 师宗高良纳平山村的蜡染工艺

21. 富源墨红鲁木村的彝族民间刺绣

22. 富源大河白岩村的民间篾编

23. 富源后所铁翅村的踩缸腌菜制作

24. 富源中安的石材工艺、铁锅制作

25. 富源的魔芋加工与大河乌猪及火腿制作

26. 富源古敢水族的"吞口"制作

27. 富源富乐的李氏铜器制作工艺

（七）特色建筑

1. 陆良庭院式土木结构建筑群：雍家古寨

2. 富源中安民居建筑：张氏大院

3. 罗平干栏式建筑：吊脚楼

4. 会泽大海石板房

5. 麒麟老城民居："一颗印""四水归堂"

（八）民间乐器

双管笛、姊妹箫、芦笙、唢呐、二胡、掌不来、长鼓、铜钹、口弦、抛锣、铜鼓、葫芦丝、巴乌、笛子、琵琶、三弦、古筝、扬琴等，以及打击乐大鼓、小鼓、大锣、小锣、绞子、云乐、翠鼓、磬、木鱼、碰铃等。

# 曲靖方言小辑

方言俗称地方话。每一个地方都有自己独特的方言。方言是文化的活化石，经历了漫长的演变过程。中原汉族入滇，是曲靖方言形成的源头和要素。在方言区内，可再分若干"次方言区"，即地方方言，譬如曲靖话（市）、麒麟区话（县）、老街话或东山镇恩洪话（特定区域、乡镇及村组）。作为植根于民间的文化形态和文化载体，方言有着深厚的民间文化土壤和强大魅力。语言是人类最珍贵的文化遗产，当一种语言消失后，与之对应的文明也必将消失。普通话作为现代的交流工具固然重要，而方言作为传承了上千年的民族文化也应当保护，二者并不矛盾。

作者利用业余时间长期致力于地方历史、民间风俗与非物质文化遗产项目的学习、研究、普及，经过坚持不懈的努力，收集整理了不少曲靖方言，辑录部分如下：

歪巴斜扯（不端正或不协调）；二不挂五（不融洽或不相干）；疙瘩马细（琐碎或啰唆）；气鼓实涨（吃得太饱或虚张声势）；抖淋壳颤（害怕或紧张）；鬼咪日眼（邋遢或看着不爽）；冷迷日眼（天气太冷）；沟逼倒灶（说瞎话或乱干事）；黑咕隆咚（天太黑或光线太暗）；冷火秋阳（不景气或不积极）；绿阴干瞎（绿过了头）；神头二舞（显

摆或调皮捣蛋）；粗皮潦草（不用心或粗心大意）；误逼倒俗（肮脏或恶心）；翻秋打滚（失眠或疼痛）；牛逼仙天（假大空）；正儿八经（正式或认真）；二气坨坨（说话不正经）；包糟捏脓（愚笨或不好）；没得心肠（无趣或不愿意）；雀神怪鸟（反常行为）；渣八列五（无聊或形象差）；赖里鼓郭（粗糙）；跌死马爬（急迫）；跟楞半倒（不工整不具体）；里里麻麻（干净利落）；拖皮撒跨（拖延或磨蹭）；日逛散逛（拖沓散漫）；整述不成（拒绝）；憨眯日眼（白痴）；日不脓怂（办事不力）；鬼舞弄神（不知其图谋）；软不拉塌（没有力度）；么么三三（惊讶或感叹）；脏巴拉尸（太脏）；鬼喊辣叫（大吼大叫）；憨不噜初（愚笨）；害里实怕（害怕）；疯天扩地（举动奇怪）；啰里八嗦（啰唆）；跳脚板手、板五板六（很急躁的样子）；吊儿郎当（不学好）；泡死鼓胀（不靠谱）；嚼筋拌蒜（话多难缠）、卡卡国国（偏僻冷清的角落）、大清八早（太早）。

逗老恣鬼火绿、恣得很或日气很（愤怒）；杂个啦或格整得成（问询或表白）；毛挨我上头是脸或毛掺我二理裹气（警告）；几包子锤或几窝仙脚（欠揍）；飞星赶月或溜刷得很（速度快或做事麻利）；沟逼死远跌（讨厌）；背逼时或倒邪霉（走霉运）；晒白牙齿地（谩骂）；你喊个乃样（你叫什么名字）；嘴麻子得（嘴巴甜或说话乖巧）；嚼烂牙巴骨（瞎说或造谣）；戳述瞎眼睛（你眼瞎还是看不见）；一样都毛得（什么都没有）。

手扶子（即毛巾，擦脸的叫洗脸啪，擦脚的叫揩脚啪）；磕器头（膝盖）；牙巴骨（牙床）；洋发烛（火柴）；搅得很（难处的人）；神抖抖（不把稳）；招呼跌（小心点）；一小跌（一小点）；不单子（可怜）；肿脖子或倒脖子（吃饭）；被舌子（骂人）；毛辣子（毛毛虫）；入嘎嘎（肉）；脓憎跌（抓紧些）；一陡趟（很快）；整哪样（干什么）；作皮子（捣蛋或使坏）；调羹（勺子）；茅斯（厕所）；军犯（骂人）；改手（上厕所）；你阶（你家，尊称）；扇你（打你）；耶耶（叔叔）；娘娘（姑妈或姨妈）；公公（爷爷或外公）；日脓（愚蠢）；儿啰（惊叹）；香晕（实惠）；得好（幸好）；梦冲（瞌睡）；日气（生气）；假打（装样）；二拍（啰唆）；渣经（计较）；老火（严重）；一花、把连、带齐、拢共（所有或全部）；潮耐（恶心）；莫得（没有）；拐了（糟糕了）；强杆（争论时固执）；嗦开、磨开（让开）；笼火（生火）；向火（烤火）；难为（谢谢）；攒劲（给力）；郎当（不靠谱）；拱头（不知进退的人）；日鼓（脾气犟）；辣操（能干）；掼跤（摔跤）；跑裤、打裤（运动裤）；这哈（现在）；起槛（挣钱）；砸烟（抽烟）；豪丧（哭）；尾哒（跟着）；拽掉（扔掉）；哪哒、哪跌（哪里）；搓灰（不要、无用）；松毛（松树叶）；泡撒（大方或浪费）、插巴（多话）；该歪（不得了）；摆白（聊天）；毛（不）；克（去），嘎、格、跌（问询语）。

# 梓里楷模

## ——曲靖古代乡贤典范五则

　　梓，即梓树，属落叶乔木，一种代表思念的树。里，故里、邻里，即居住的地方。梓里，即故乡、家乡，也有追怀、思念之意。

——作者题记

## 唐时英

　　唐时英（1496—1576 年），南宁县（今麒麟区）北关街人，明正德十四年（1519 年）考中举人（乡试第 8 名），明嘉靖八年（1529 年）进士及第（会试第 49 名），历任山西平阳知县，户部主事、员外郎、真定知府，贵州按察副使、贵州参政，河南参政，浙江按察使，山东右布政使，陕西左布政使，右副都御史，陕西巡抚等职，史称一代名宦。

　　嘉靖十年（1531 年），唐时英出任山西平阳知县时，历时半年把全县田地丈量清楚，按"肥瘠"造册登记，作为征收赋税之依据，成为"不刊之典"，并主持兴修水利，惩恶除霸，离任之时，百姓依依不舍相送十里，把他视作活神仙。嘉靖十四年（1535 年），擢迁户部主事，负责管理通仓（通仓是朝廷设在通州城一带国家储粮仓库的总称），前任因贪污渎职被羁押锦衣狱等候处斩，临危受命，唐时英以身作则，廉洁奉公，任职一年，"其年考课，以公为户曹最"，受到朝廷嘉奖。嘉靖十六年（1537年），封文林郎，负责监管朝廷库银收支，前任也是被撤职查办，他秉公无私，勤政廉政，"毫厘无不详且尽"，库银收支清清楚楚，受到朝野一致好评。嘉靖十八年（1539年），晋升员外郎，第二年，晋升郎中。嘉靖二十年（1541年），唐时英出任直隶（今河北）真定知府，在任三年，享有"神明之飯""水镜之颂"的名声。嘉靖三十三年（1554年），陕西河套一带的鞑靼贵族举兵侵犯北部边境，嘉靖帝将时任陕西左布政使的唐时英提拔为右副都御史、陕西巡抚（从二品），负责御敌平寇。唐时英查知鞑靼犯境，主要是陕西四镇官员各存私心，自保实力，互不协力所致，于是"飞檄驰书四镇速达议事"，严厉指出"鞑靼不足患，患不协力"，督促四镇紧密协作。结果，唐时英一兵未发，鞑靼贵族不战而散。

嘉靖三十七年（1558年），唐时英告老还乡回到曲靖。他生活俭朴，亲善邻里，捐资治理南盘江，修建史家闸，万历四年（1576年）病故，享年80岁。神宗皇帝《御祭唐时英》："明副都御史，陕西巡抚唐时英，蔚有才名，奋迹制科，靖共厥职，所至有声。逮简擢于抚台，俾保厘于全陕，三建防秋之策，克宣却虏之威，所至有声。"

唐时英做过许多有益家乡的善举，被后世列为乡贤。明清时代，曲靖北门城楼有个"都天阁"，里面供奉着唐时英的牌位。民国七年（1918年），唐时英的后裔云南督军唐继尧来曲靖为唐时英重立碑墓，并邀请刘雨村为"华表"题联一副："吉地卜牛眠，看白石迥澜，翠峰叠嶂，河山大壮风云气；嵩岳生申甫，想英文启后，雄武亢宗，勋业重辉日月光。"

# 杨本昌

杨本昌（1755—1831 年），南宁县（今麒麟区）湛家屯人。清乾隆五十三年（1788 年），乡试中举（第 27 名），清嘉庆四年（1799 年）进士及第（第 53 名），授刑部主事，历郎中，后出任山东登州知府、济南知府，因贤能突出，政绩斐然，提任苏淞粮储道，官终两淮盐运使（从三品）。

两淮盐运使属于超级肥差。民间传说杨本昌告老还乡时，用于运输的骡马有两百多匹，其中驮金银珠宝和古董字画的一百多匹。杨本昌回到曲靖后，花巨资在西门街购下一片宅基地，仿照两江总督府的设计，建盖私邸，取名"忠义第"，民间称之为"杨家花园"（今城关小学、市第三幼儿园及周边）。

嘉庆二十年至二十二年（1815—1817 年），曲靖连续三年遭受旱涝灾害，多数人家揭不开锅，被迫外出逃荒。春分临近，一片荒凉，因缺谷种，无法春耕。杨本昌不惜千金"抚流民以复耕，予账贷以恤穷"。派人从外地购回粮食及种子千余驮，既保证了按时春播，又救济了灾民。为支持家乡教育事业，杨本昌捐银二千七百余两兴办学宫并为贡院购买考生试卷。由于连年旱涝，一些本来就很贫困的家庭陷入极度贫困。为帮扶这些人家，也为组织群众生产自救，杨本昌发放"信用借贷"，即凡有实际困难者，不论借银多少，只需请个保人，立字为据，即予借贷。当时到"忠义第"借银的，无人空手而归。有的因借贷多次，到期无力偿还，遂将自家房产、田地或典或卖交予杨本昌。杨本昌出于体恤，不论是典是卖，都与之立字抵债。凡以房产、田地抵债的，立字以后，杨本昌仍让原房主继续使用、耕种，并明确告知："所有权属杨姓，使用权属原房主，待出字人去世后，始收归杨姓。"这样一来，大家都说杨本昌"不是为了买房置地，而是为了修荫积德"。于是，愿意将房地产抵债的越来越多，到了道光初年，杨家房地产遍及全城，故称"杨半城"。

嘉庆二十四年（1819 年），杨本昌独资治理南盘江，用时俩月，疏通了河道，新建桥、闸、涵洞，拓宽并加固圩埂。有人作诗称赞："南盘江流九回肠，奔腾白石少安澜。东园创下大禹业，管教洪水不再残"。

道光十一年（1831 年），杨本昌去世，享年 76 岁。道光十六年（1836 年），杨本昌被官府以隆重仪式祀为乡贤。如今，"杨家花园"及其主人都不复存在，其家业传到第三代就逐渐败落了，但杨本昌造福桑梓的事迹，却广为流传，感人深远。

# 陈子贞

陈子贞（1849—1928 年），南宁县（今麒麟区）南门街人，出生于中医世家，因祖辈在东门街开宝岭堂中药房及中医馆，从小就随父习医识药。清光绪二年（1876 年）参加乡试，未中，后在昆明五华书院执教。光绪二十年（1894 年），弃教行医，在昆明坐堂看病，打算走一条行医济世的人生道路。光绪二十四年（1898 年），曲靖城内突发罕见鼠疫，死亡之多，惨不忍睹，家家闭户，路少行人，万户萧条。陈子贞迅速由昆返曲，与几位本地老中医共同研制有效方剂，分发各户，并主导用"火烧地毒"的办法来控制疫情蔓延。在城内各岔道、街口及各户院内，挖坑置柴，燃起大火，把死亡者衣物及被污染过的生活用品统统烧毁，最终控制住了鼠疫的流行，为父老乡亲做了一件名垂千古的好事。

光绪二十九年（1903年），云南巡抚林绍年中风久治不愈，特请陈子贞为其诊治，彻底治好了林绍年的顽疾后，林绍年对陈子贞的医术十分敬佩与推崇。光绪三十年（1904年），经林绍年举荐，陈子贞执教于云南医学堂。在近20年的教学生涯中，陈子贞为云南培养了大批中医药人才，当时，云南中医药界对陈子贞有个佳话"三迤名医，皆出其门"。光绪三十二年（1906年），由陈子贞编著的《医学正旨择要》正式刊印出版，该书共20卷，120余万字，以辑录加评注的方式，择历代医家相关论述，分门别类，汇集而成，内容系统而全面，并结合自己的临床经验、教学特点与科研体会加以总结。《医学正旨择要》的问世，赢得了医学界的普遍赞誉，有人把《医学正旨择要》与《滇南本草》并列一起评价，认为"医学首推陈子贞，"云南药学首推兰止庵（兰茂）。

民国十三年（1924年），75岁高龄的陈子贞告老还乡后，每天仍到曲靖东门街宝龄堂坐诊，对一些贫困人家免费施予医药，对一些长期卧床的危重病人，亲自登门为其诊治。民国十七年（1928年），病逝于曲靖故居，享年79岁。

陈家在曲靖历史上属于了不起的一个大家族，其故居位于南门街原曲靖地区卫生学校一带，被民间誉之为"陈家花园"。陈子贞的医术及医德，曾被曲靖民间广为传颂。

## 孙光庭

孙光庭（1863—1943年），南宁县瑞文街（现酒行街）人，清光绪八年（1882年），乡试中举，曾任曲阳书院山长。光绪十六年（1890

年），云南巡抚张凯嵩考核选拔人才查阅省内乡试中举考卷时，发现孙光庭的答卷旁征博引，才华横溢，且书写工整优美；张巡抚是个爱才之人，于是把他招入云南五华书院深造。后来，又将女儿许配给他，并保举他进入翰林院担任内阁中书。

光绪二十七年（1901 年），孙光庭回到云南。云南巡抚林绍年聘他为育才书院山长。光绪二十九年（1903 年），育才书院改为云南高等学堂，兼理全省学务，孙光庭任副总办。光绪三十年（1904 年），云南选拔优秀学子送往日本留学，孙光庭任留日学生监督，负责留日学生的管理工作，在日本期间结识孙中山，加入同盟会。光绪三十二年（1906 年），孙光庭率云南留日学生回国，被云贵总督李经羲委任为云南学务副总办、云南省图书馆馆长、云南省博物馆总编纂、馆长。宣统三年（1911 年），云南"重九"起义，建立军政府，孙光庭被推选为民政司副司长（相当于副省长）。第二年，中华民国成立，孙光庭当选为中华民国国会参议院议员。袁世凯复辟帝制，孙光庭公开致书劝袁世凯退位，与云南护国讨袁遥相呼应。民国六年（1917 年），孙光庭离京去广州，参加孙中山主持召开的国会非常会议，出任广州临时政府参议院副院长，回滇劝说唐继尧就任广州临时政府中华民国大元帅职，唐继尧不愿接受。护法运动失败后，孙光庭隐居苏州。民国十三年（1924 年），孙光庭以国会议员身份在上海《申报》撰文，揭露曹锟贿选总统，名动全国。民国十六年（1927 年），孙光庭回滇被选为云南省政府委员，后改任省政府顾问。

孙光庭晚年回到曲靖定居，民国三十二年（1943 年）病逝，终年80 岁，其故居位于现酒行街"开关厂"（原"三电厂"一带），被民间称之为"孙家公馆"。云南省主席龙云、四川省主席张群、云南省秘书长周钟岳等题词追悼，周钟岳的题词对孙光庭的一生进行了高度概括：

"覃粹乎，其学；冲夷乎，其容；其教人也，则砥砺以崇实；其处世也，不阿谀与苟同；严斥贿选而褫奸雄之胆，尊崇孔教而挽颓靡之风；晚蝉蜕于尘滓，乃抱节而困穷，斯儒林之祭酒，为教者之所宗。"

# 谢显琳

谢显琳（1887—1968 年），富源县雨旺乡（今十八连山镇）幕乐村人，是今曲靖师范学院、曲靖市第一中学、曲靖市第一小学之前身——云南省立第三师范学校及其附属小学的创始人。1903 年考入云南曲靖府中学堂，1906 年以优异成绩选送云南省立优级师范，1909 年毕业后留校任教。

1905 年，清廷宣布于次年停止科举考试，读书人通过科举入仕之路断绝。时任曲靖知府的秦树声改曲靖胜峰书院为曲靖府中学堂，招收优秀童生入学。18 岁的谢显琳考入曲靖府中学堂，成为最早接受新式教育的曲靖学子之一，后被曲靖府推选到云南两级师范学堂优选科学习。云南两级师范学堂前身为创立于 1903 年的云南高等学堂，1907 年初改为云南两级师范学堂。据宣统元年（1909 年）刊印的《云南优选师范同学录》序言："学生大部分为原云南高等学堂成绩优秀者，其余多为'各厅、州、县选送'的青年才俊，因此学生的文化程度较高，学业要求也更加严格。"毕业前夕，拟从 250 名学生中评定优等生十九名，谢显琳名列优等生第一名，1909 年毕业后留校任教。

1911 年云南"重九起义"，结束了清王朝在云南的统治。1912 年 8 月，周钟岳出任云南教育司长，他采纳云南教育总会建议，制定《省立七所师范学校规程》，改省会师范（原两级师范）为省立第一师范学校，并在昭通、曲靖、蒙自、思茅、保山、丽江增设六所省立师范学校。同年 11 月，由周钟岳向云南军都督府推荐，谢显琳回曲靖创办云南省立第三师范学校。1913 年 3 月，谢显琳创办了云南省立第三师范学校（1932 年改为云南省立曲靖中学，1934 年又改为省立曲靖师范学校，1936 年再次改为省立曲靖中学，1957 年改为曲靖第一中学）并担任校长。学校初创之际，谢显琳制定的校训是："勤学业、守校规、习劳苦、甘淡泊、崇道德、尚美感、爱国家、遵宪法。"1918 年 3 月，谢显琳创办三师附小，并亲自兼任校长。

1937 年，京滇公路周览团要来曲靖考察，点名要参观"爨宝子碑"，周钟岳拨款并委托谢显琳把"爨宝子碑"从"武侯祠"移至校内并建亭保护，"段氏与三十七部会盟碑"也从"魁阁"同时移入保护。时至今日，完好无损。

从 1913 年至 1958 年的 45 年间，谢显琳一直担任该校校长直至 1963 年退休。谢显琳的一生是为教育事业无私奉献的一生，对曲靖乃至云南的教育事业做出了突出贡献。他打破旧式教育的禁锢，在曲靖地区首开男女生同班的先河。1942 年，云南省政府为他题赠"诲人不倦"匾额。1943 年，教育部颁发给他"一等服务"奖状。1949 年，云南省政府又题赠他"乐育英才"匾额。1958 年被错划为"右派"，1979 年得到改正，1968 年 3 月病故于曲靖，享年 81 岁。谢显琳生前，曾长期租住于西门街 32 号赵樾故居。

# 爱廉说

## ——曲靖古代清官典范五则

"予独爱莲之出淤泥而不染，濯清涟而不妖"

——题记北宋周敦颐《爱莲说》

## 刘雨村

刘雨村（1862—1936年），南宁县（今麒麟区）学院街人，清光绪十九年（1893年）考中举人，第二年出任贵州安南（今晴隆）县令，民国八年（1919年）出任陆良县县长。任职期间，对待行贿者，皆以马棒逐出；遇见为非作歹者，也以马棒责之，故获外号"刘大马棒"。因克己奉公，廉洁为官，任满回乡无钱购房，先是租房居住，晚年穷得付不起房租，借住在老朋友孙光庭家。老相识张冲（民国滇军名将，曾兼任云南盐运使，建国后曾任云南省副省长、全国政协副主席）一向敬重刘雨村的人品和才华，怜惜他度日艰难，拿出一千银圆从昆明专程至曲靖，欲赠他维持生计，但刘雨村坚辞不受。无奈之下，张冲与富商田澜泉商议，拟将此款存入澜泉商号，由商号按月将利息所得转给刘雨村当作生活费，刘雨村仍不肯接受，后经县政府出面协调以及众多朋友劝说，方才勉强答应这个"保本吃利"的资助。刘雨村曾经感叹自己："老刘老刘，今已白头。为官三十余载，只剩一领破裘，有时典去沽酒，也还自诩风流；有愧为民父母，未能为民解忧，唯不取有造孽钱，免为儿孙做马牛；空手而来空手去，可以对天复何求？"

刘雨村70岁生日时，为避免亲朋故交借祝寿馈赠钱物，提前在家门上张贴"清贫素守，谢绝祝寿"八个醒目大字。后人赞誉刘雨村"穷且益坚志气高，到死一件破棉袄。富贵只用点个头，老刘偏把头来摇"。

民国二十五年（1936年），刘雨村病逝于家乡（今麒麟区），享年74岁，未留下寸土片瓦，堪称清官楷模。

# 孙士寅

孙士寅（生卒年代不详），浙江杭州钱塘人，清康熙三十八年（1699年）考中举人，清康熙四十五年（1706年）奉旨到云南出任平彝（今富源）县令，因喜好音律，随身携带一把心爱的家传古琴。孙士寅作风务实，在平彝深入实际，大兴调查研究之风，治县措施有的放矢，爱民律己，和全县人民建立了深情厚谊，被誉为"草鞋县令"。执政平彝六年，声望颇佳，政绩显著，卸任时，囊空如洗，两袖清风，竟然凑不够返乡的盘缠，民众闻之，无不争先恐后资助予他，孙士寅分文不取，慷慨谢绝，将赴任时携带的古琴鬻（出售）为路费。平彝人民敬其高风亮节、正直清廉，扶老携幼自发结队十余里，流涕相送，依依不舍。为感念其恩泽，铭记其品行，有识之士筹集资金，在滇黔交界处的胜境关驿道旁立碑建亭。

亭为"清风亭"，碑为"鬻琴碑"。短短两百余字的《鬻琴碑记》，对这位曲靖历史上难得的清官，做出烛照古今的褒扬。"鬻琴碑"三个大字，笔力遒劲，神采飞扬，由家住南宁县（今麒麟区）打油巷的清代"滇中七子"之一的孙鹤翾（孙璘）手书，界坊的立柱上另刻有 30 字楹联。

## 宋湘

宋湘（1757—1827 年），广东嘉应州人（今梅州市），清嘉庆四年（1799 年）进士及第，授翰林院编修，曾被嘉庆皇帝赞为"岭南第一才子"。嘉庆十八年（1813 年）、道光元年（1821 年），宋湘先后两任曲靖知府，历时八年。任职期间，宋湘体恤民情，关心民生，一定程度上改变了曲靖贫穷落后的面貌，譬如：初到曲靖时，为改变单一农耕经济，鼓励发展制造业与手工业，捐出自己的薪俸购买纺车 500 辆和木棉一批，让妻子教授当地妇女纺纱织布，人称"宋公布"；为根治水患，植树造林，亲自到翠峰山种了一片青松，人称"太守林"；建盖书院，兴办文教，倡导文明风尚；等等。其间，家人曾修书要他拿钱给家里买田建屋，宋湘写了一副对联寄回："子孙若如我，买田做什么？子孙不如我，买田又如何？"后被林则徐引为家训。道光五年（1825 年），宋湘提拔为湖北粮督道，民众不舍离去，夹道欢送的队伍排成长龙，沿途设置很多香案，宋湘不忍惊扰，当夜悄悄离开。他在诗里写道："十年心迹众人看，回首云山路屈盘。前日出关星来落，怕教父老别离难。"

离开曲靖第二年，因劳累过度，宋湘逝于任上。生前大部分薪俸捐给了公益事业，没有留下钱财以便办葬。湖广总督派官兵扶灵柩归其家乡，这在封建官僚体系中极其少见，堪称清官之典范。在曲靖，宋湘"清廉勤政，造福地方"的不少事迹，至今仍有流传。

# 李士安

李士安（1482—1555 年），名彦宁，今麒麟区三宝人，明正德十年（1515 年）被"拔贡入官"，出任鲁王府教授，三年后调入兴王府担任长史，兴王朱祐杬（因封地在安陆州，又称安陆王）很赏识李士安，令其子朱厚熜拜学于他。正德十六年（1521 年），正德皇帝朱厚照驾崩，因无子嗣，经内阁首辅与太后等商议，决定立朱厚熜为继承人，并派出皇使到安陆州（今湖北钟祥市）迎立新君。临行前，朱厚熜听从李士安建议"沿途所经之地慨绝馈献，行殿供帐，一切从简"。承袭皇位后，朱厚熜改国号"嘉靖"，拜李士安为太常寺少卿，尊为"国师"。李士安在京为官三十多年，住宅简陋，生活俭朴，谨言慎行，刚正不阿，其"四不受"声名远播，赢得朝野广泛赞誉，即：建府邸不受；赐金银不受；派侍卫不受；荫子孙不受。李士安告老还乡后，嘉靖帝特殊荣宠他"准予在籍奏事"（即以老百姓身份，在家乡给皇帝写报告反映情况）。回乡路上凡经府县，李士安都是悄悄通过，从不以"帝师"之名惊扰各级官员。嘉靖三十四年（1555 年）李士安病故于今天的麒麟区。《南宁县志》记载："国师、太常寺少卿李彦宁墓，在城南十五里白塔村。嘉靖三十四年赐祭葬，敕建国师坊表。其墓道左右有下马碑。"清康熙四十七年（1708 年），新任南宁（今麒麟区）知县王汋为编撰《南宁县志》，专程去拜谒李士安墓。

时光已经流逝了一百五十多年，为让后人铭记这位清官，王汋亲自撰写《明国师少卿李公墓表》，收录于《南宁县志》，并将白塔村更名为雅户村。《明国师少卿李公墓表》记载："虽然公处遭逢之盛，而才智不形、淡情宠禄，宁求利物不私于己，不恤于家。求诸古人，当亦无几！"

# 朱家民

朱家民（1569—1642 年），今麒麟区北门街人，明万历三十四年（1606 年）举人，赐进士出身，官终从一品贵州左布政使，《明史·卷二四九》为其立传。《清一统志·卷四八四·曲靖府·人物》记载："朱家民，字同人，南宁人。万历举人。历任涪州知州，贵阳知府。著能声，擢贵州监军道。剿安贼之乱，建城十七座，更建盘江铁索桥。以剿贼功，特晋一品服，诰封三代，荫一子，世袭指挥使。归田后，置田郡中，为士子科举之费。又置万卷楼，使合郡士诵其中。"朱家民告老还乡回归故里，在城外购买良田 500 余亩，以其全部收入用作省城昆明曲靖会馆的日常开支，为曲靖籍贫寒学子无偿提供食宿，还拿出大量资金收购各类书籍上万卷，于县城中心（学院街中段）置"万卷楼"，供读书人免费学习、查阅，堪称云南最早、规模最大的公益性私人图书馆，至今无人可及。朱家民主动出资，积极倡导各级官府与民众筹资治理南盘江，属有史记载的以个人之力出资治理南盘江的第一人。明朝天启三年（1623 年），朱家民主持修建的盘江铁索桥，位于贵州省晴隆县北盘江上，不仅造福当世与后世，还为三百年后的抗日战争作出直接贡献。盘江铁索桥保存至今。

朱家民离乡做官之前，曾在县城西北处（麒麟公园一带）创建靖阳书院（《南宁县志》记载为朱家民建，也有唐时英建之说），虽然这座书院在历史长河中荡然无存，但留下书院路与靖阳楼，常常勾起曲靖人的思古情怀。朱家民去世后，被当地官府以隆重仪式祀为乡贤。

# 爨氏政权的兴亡

　　抛开史前时期，云南的两千年历史大致可分四个阶段：第一个阶段，统治中心在昆明晋宁（春秋至东汉，古滇文化时期）；第二个阶段，统治中心移至曲靖（三国至唐朝中叶，爨文化时期）；第三个阶段，统治中心转到大理（唐朝中叶至元朝初年，南诏大理文化时期）；第四个阶段，统治中心到昆明（元朝初年至现在，汉文化主流时期）。

　　爨，是统治云南四百多年的一个古老家族的姓氏。爨氏，是汉族，不是少数民族。爨时代，"南中"的面积包括现在云南的全境和四川南部、广西西北部、贵州西部以及缅甸、老挝、越南的一部分。爨氏自中原南下，到三国后期，逐渐统辖了"南中"广大疆域。魏灭蜀后，西晋接管了蜀国统治的"南中"，于公元271年在"南中"设立宁州，治所在味县（今麒麟区），之前也在味县。宁州的建立，让曲靖成为一个文化交融发展的重要地带。从这个时候起，作为宁州首府的曲靖，正式成了完全意义上的云南统治中心。云南（当时称宁州）不再附属四川，正式成为全国19个州之一，改变了历来为巴蜀附庸的局面。虽然三国时诸葛亮南征平定大姓孟获叛乱后，曾废益州郡改建宁郡，并将治所由滇池县（今晋宁），迁到味县（今麒麟区），设庲降都督管辖"南中"七郡，庲降都督府驻地也从平夷县（今贵州毕节）迁至味县，但庲降都督是军事性质的机构，不是行政机构，而宁州则是直属中央的行政机构，这在云南郡县制度史上是一个重要的里程碑。自此，滇东盘江流域（爨氏政权）取代滇池周边区域（古滇王国）成为云南新的政治、经济、军事、文化的中心。爨氏家族的兴起，是历史给予的一次特殊机遇，也是汉文化在这一地区长期推进、全方位渗透的产物。爨氏集团是"军政合一、政教合一"的封建领主割据政权，在其统治时期，由于中原王朝处于长期不停的战乱之中，无暇顾及遥远边地"南中"（云南），爨氏政权趁机采取"奉中原王朝为正朔"，实际形成"开门诸侯，闭门天子"的格局。"南中"既接受朝廷任命的官职，又保留世袭的土司夷帅酋长等头衔（即政治上的"双轨制"）。东汉以来，中原长达两个多世纪无休止战乱，客观上造成对大姓势力的放纵，导致爨氏家族雄踞"南中"数百年，但要特别指出：爨氏十数代统治者，从未出现割据称王或改元称号现象，自觉服从中央政府统治，维护了国家的统一、多民族的团结和稳定边疆这个大局，始终秉持各民族共同体，始终没有脱离中国历史发展的整体。

"南中"战乱较少，社会稳定，经济发展，人民安居乐业，出现"爨宝子碑"描述的"山岳吐金"，"物物得所"，"牛马被野"，"邑落相望"的繁荣景象。《新纂云南通志》记载，当时曲靖区域（爨氏政权腹心区）的经济与内地接近，"其地沃壤，多是汉人，既饶宝物，又多名马"；"爨龙颜碑"的描述是"独步南境，卓尔不群"（透过这8个字，可以想象当时曲靖在全国的地位、形象和影响力，那种自信、豪迈与底气，可谓爨时代的曲靖精神，即：自强不息、开拓创新、开放包容、民族和谐的精神）。伴随着大量汉民的不断迁入，使得曲靖及周边世居少数民族固有的生活方式、文化习俗、思想观念发生重大变化，外来文化与本土文化不断渗透、相互同化，逐渐浑然一体。这时的爨文化，严格说，是汉文化与当地世居民族文化融汇杂交后开出的一朵独具特色的奇葩。正如五百年后（元朝），蒙古人踏碎精美的宋词，日耳曼人烧毁辉煌的罗马宫殿一样，南诏灭爨将璀璨的爨文化"烟烬灰灭"。

爨氏家族无疑是中国历史上独霸一方、据地称雄时间最长、跨越朝代最多的家族之一。但是，为什么爨氏政权史籍缺失难觅踪影？为什么爨氏后人神秘失踪不知何往？为什么空遗下两块爨碑少有其他线索？究其原因，有三种分析：一是三国、两晋、南北朝时期，中原动荡不安，始终没有建立起统一的中央王朝，国家处于分裂状况；二是爨氏统治区距离中央政府太遥远，且山川险峻，中央政府无力顾及，更别说控制；三是南诏灭爨后，紧接着实行种族大迁徙，《蛮书》记载："自曲靖州、石城、升麻川、昆川南北至龙和城以东，荡然荒矣"，这种"扫地出门"的结局，让爨氏腹心区的曲靖遭遇彻底的毁灭性灾难。

隋朝建立后，结束了内地两个多世纪无休止的战乱，自然不会让爨氏家族在"南中"继续其割据局面。隋文帝曾两次出兵云南，将爨氏家族首领爨翫全家逮捕后带回长安，处死爨翫，"诸子没为役"（《新唐书·两爨传》）。但此举未能控制"南中"地区，爨氏其他首领继续据有云南。到了唐朝建立，改变策略，将爨翫之子爨宏达放回"南中"，任命其为昆州（昆明一带）刺史，对爨氏控制区实行笼络式羁縻统治。这种状况维持了一百多年，到了唐玄宗开元天宝年间，爨氏内乱，争权夺利，加上东爨和西爨之间的离心离德（未能形成政权依靠、一致对外），成为爨氏政权最致命的死亡推手。南宁州大鬼主爨崇道杀了昆州刺史爨日进，又暗害了爨氏家族的主心骨南宁州都督爨归王，爨归王的妻子、出身乌蛮部落的酋长之女阿姹，从娘家搬援兵对抗爨崇道，誓复夫仇，并向崛起于洱海地区、同样出身乌蛮且得到唐王朝扶持的南诏求助（唐初，洱海周围有六大部落集团，其中蒙舍诏居于南部，称为

"南诏"。从唐朝开元初年，在唐朝扶持下，历经 20 余年兼并战争，南诏统一了洱海地区，并企图侵吞爨区），南诏首领皮逻阁老谋深算，不仅为爨归王之子爨守隅向中央政府申请袭任南宁州都督一职（其父之职），达到拉拢、分裂之目的，得到批准后，还将两个女儿，分别嫁给"冤家对头、形如水火"的爨守隅（爨归王之子）和爨辅朝（爨崇道之子），以图控制爨氏家族。之后，皮逻阁在唐朝的纵容与支持下，与阿姹母子配合，发兵杀了爨崇道父子，灭了诸爨领主，占有爨区。皮逻阁将诸爨中唯一剩下的阿姹母子迁往南诏。《新唐书·列传第一百四十七下·南蛮下》记载：天宝七年（公元 748 年），爨氏内讧，相互残杀，崛起于洱海之滨的少数民族政权南诏的阁罗凤（皮逻阁之子，公元 748 年，南诏首领皮逻阁去世，其子阁罗凤袭授唐朝于公元 738 年封给其父的"云南王"）趁机率军攻陷石城（曲靖），占领两爨之地后，为摧毁爨氏势力，命令进驻爨区的昆川（昆明）城使杨牟利武力胁迫西爨白蛮，迁徙爨区 20 余万户、100 万人左右到滇西永昌（保山、大理、德宏一带），彻底瓦解了爨氏的统治。滇东地区发达的经济文化遭到了毁灭性打击，爨文化衰落凋零了。迁徙到滇西的西爨白蛮，是当时云南先进经济文化的代表，虽被迫西迁，却在客观上带去先进的生产技术和发达的文化，与洱海区域的经济文化相交融，经过逐渐发展，形成了新的文化类型——南诏大理文化。爨氏灭亡，教训惨痛：爨氏于东晋咸和八年（公元 333 年）攻陷宁州，咸康五年（公元 339 年），在霍氏、孟氏两大姓内乱火并同归于尽后乘势崛起，独霸"南中"，但是未能吸取历史教训，避免内乱，即使在大敌当前和即将遭到屠杀之时，仍然未能停止内斗团结起来，终将基业毁尽。南诏攻城略地迁移人口，曲靖"城空人寂"。有史料称，唐朝把当时称为"曲州"的现今昭通鲁甸一带和称为"靖州"的现今湖南会同以南、贵州锦屏以东的人民迁往石城定居，两地人民为了不忘故地，把"曲州""靖州"各取一字合起来，称新定居地为"曲靖"（史籍《新唐书》中最早出现"曲靖州"三字，但"曲靖"一名在唐宋时并未通行使用，到了元代才正式作为行政区划名称使用至今。《徐霞客游记》也有记述："曲靖者，本唐之曲州、靖州也，合其地置府，而名亦因之"。但"曲靖"一名的来源，真实为何，有待有识之士做进一步考证）。

唐初南诏灭爨，云南文化又成少数民族文化，从汉至唐推进了四百多年的汉文化戛然而止。

公元749年，即南诏灭爨第二年，南诏在唐朝扶持下建立南诏国，结束了爨氏政权近五百年的云南霸主地位。公元751年，唐朝鲜于仲通率师至曲靖，阁罗凤向吐蕃求援，唐军大败，南诏割据云南局面形成。曲靖失掉云南中心地位，滇东乌蛮称雄，促成三十七部崛起（西爨白蛮大量西迁后，散居山林的东爨乌蛮逐渐移居平地，形成若干部族，其中较大的37个，史称"三十七部"）。此后，爨氏在曲靖的局部统治，一直持续到明朝中叶改土归流之后，前后加起来有1300年左右（根据《段氏与三十七部会盟碑》和"大理国借兵滇东"推算）。

关于爨氏家族的后代具体如何，虽无明确的文献记载，争论较多，但可以肯定，爨氏家族并未灭绝。大理出土的"南诏德化碑"记载南诏国大臣就有爨姓，爨泰曾为南诏国学士。大理国的开国君主段思平从通海起兵时，得到其舅父爨判（"三十七部"盟主）的大力支持，登极后封爨判为巴甸侯，皆有史籍考证。成都出土的一块唐代墓志，墓主是"袭南宁郡王"爨守忠（爨归王之子、爨守隅之弟），时任唐朝的剑南西川节度副使、南宁十四州都督，虽然是遥授，但说明爨氏家族一部分归附唐朝，并在唐朝世袭郡王爵位。爨守忠驻节嘉州（四川乐山），所领"南宁十四州"，其实就是被南诏占领的区域。唐王朝利用爨氏家族在云南的影响，保持对南诏国的威慑。但是，为什么后来鲜有了爨姓？显赫一时的家族难道没有后裔了吗？有人认为，爨氏的后裔改姓了，因为没有强有力证据，很多人不以为然。50 年代初在大理鹤庆找到一块明朝初年立的碑，叫《寸升碑》，叙述其祖先本为称霸"南中"的爨氏，南诏大理时保有贵族身份，改为"寸"姓，曾有族人担任过大理国丞相，元代时为土官，明朝军队进入云南后又率先归附。说明爨氏家族西迁后的分布并不局限于保山、大理和德宏，而是很广的。一些研究者认为：爨地被南诏占领后，爨地的所谓爨人也发生变化，一部分受汉文化影响较深的白蛮被强迫迁移，很大一部分和洱海地区的其他部族一起，逐步形成今天的白族，留在当地山区保留本民族习俗较多的乌蛮，保有自己的部落组织，逐步成为今天的彝族。到了明清时期，文献提到的"爨人"，大多指现在的彝族，而提到的所谓爨文，也是彝文了。

南诏灭爨后，仅从文化角度讲，是"文明的中断、文化的倒退"，就是说没有进步反而退化了，因为南诏大理是农奴制政权，文化相对落后，一直持续到元朝都在退化。

# 爨碑书法

　　关于"二爨碑"，曲靖人都很熟悉，不妨还是做点扼要介绍，即："爨宝子碑"（全称"晋故振威将军建宁太守爨府君之墓"，俗称"小爨碑"），立于东晋安帝义熙元年（公元405年）；"爨龙颜碑"（全称"宋故龙骧将军护镇蛮校尉宁州刺史邛都县侯爨使君之墓"，俗称"大爨碑"），立于南朝刘宋孝武帝大明二年（公元458年）。"二爨碑"享誉碑林书界，皆为"神品"，并无优劣高低之区别，之所以分大小，是因为形制上的大小差别（"爨宝子碑"高1.83米，宽0.71米，有403个字；"爨龙颜碑"高3.38米，宽1.46米，有927个字）。国务院1961年公布的全国第一批重点保护文物，"二爨碑"皆在其中。天下名碑数不胜数，但被列为国家级第一批重点保护的碑刻全国仅11块，曲靖占了3块，极少罕见（另一块是"段氏与三十七部会盟碑"，俗称"会盟碑"，建于北宋太祖开宝四年，公元971年。3块碑都是以单碑分别位列全国第2、3、5号，1号是"西安碑林"）。我国书法界素有"北碑南帖"之俗语，"二爨碑"的出土填补了南无名碑之空白，也奠定了其"国宝级"地位（魏晋时期，国家几度下令禁碑，传世的魏晋碑帖极少），所以，"二爨碑"的声名远播，除了其书法的高古之外，出土的地方（云南曲靖）也让世人惊诧（阮元："求之北地亦不可多得"）。爨宝子与爨龙颜同处一个时代，爨宝子比爨龙颜大 4 岁，爨宝子活了 23 岁，爨龙颜活了 61 岁，爨宝子死时爨龙颜 19 岁，两人都是曲靖陆良人。发现"爨宝子碑"的是时任曲靖知府邓尔恒，发现时间是 1852 年，发现地点是现在的麒麟区越州镇杨旗田村；发现"爨龙颜碑"的是时任云贵总督阮元，发现时间是 1827 年，发现地点是现在的陆良县马街镇薛官堡村。小爨碑立碑早于大爨碑 53 年，却晚大爨碑 25 年才被发现。民间传说，小爨碑被发现之前，被一户世代做豆腐的农家用作压制豆腐的工具，大爨碑被当地老百姓用来"掼谷子"。"二爨碑"被发现的过程以及之后的经历，似乎暗藏诸多天意，极富传奇色彩。

两汉的文章以散文和汉赋为主，魏晋之际，两者合流，出现了一种新的文学形式，即六朝时期的骈体文。"爨宝子碑"的碑文，便是骈体文出现后早期的文风，骈散结合以骈为主，既有汉代散文的古奥宏丽，又有六朝骈文的绮靡华丽。"爨龙颜碑"的碑文，又演变为以散体为主，以骈体为辅，散文的风格极为浓厚，表现了散文复兴的趋势，这种复兴趋势的发展，到了唐朝中叶，便形成韩柳（韩愈、柳宗元）古文运动，产生了唐宋八大家。"二爨碑"书体皆有隶书和楷书的"形影"，区别在于"爨宝子碑"书体更侧重于隶书，"爨龙颜碑"书体更侧重于楷书。由此可见，"二爨碑"的碑文都出现在我国文学史发展的转折时期，开六朝和唐宋两阶段文学发展史的风气之先。到了清朝后期，"二爨碑"已名满海内外，但对"二爨碑"的欣赏，主要表现在对其书法的推崇。魏晋南北朝时期，中国的书法由两汉的隶书向隋、唐的楷书演变过渡，这个过渡阶段的字体，在书法史上称为"北碑和南碑"（传统上把碑刻中的魏碑称北碑，东晋和南北朝的称南碑），这个时期，上至帝王下到士庶，无不以书法为其雅好。"爨宝子碑"的书法是南碑的早期作品，康有为赞为"魏晋正书第一本"，反映了汉字书写由隶书变楷书过渡阶段的一种特殊风格，但无论南碑与北碑，并无与之相类的书体，由此可见此碑在书法界的宝贵地位。因此，周钟岳称"爨宝子碑"为"南碑瑰宝"，实非过誉之辞。在"爨宝子碑"之后53年的"爨龙颜碑"，楷书成分大大增加，但仍有隶书风味，"爨龙颜碑"的书体被康有为誉为"隶楷极则""神品第一"。

爨氏家族自三国崛起、东晋称霸"南中"，历南北朝、隋、唐，奉中央政府为正朔，得中央政府封号，向中央政府贡赋，中央政府依托爨氏统治"南中"（当时的云南），是中国历史上独霸一方、据地称雄时间最长、跨越朝代最多的家族之一，那个时代的曲靖人真的很牛（作为云南统治中心的曲靖，战乱较少、社会稳定、经济发展、人民安居乐业，出现"爨宝子碑"描述的"山岳吐金""物物得所""牛马被野""邑落相望"的繁荣景象；《新纂云南通志》指出"其地沃壤，多是汉人，既饶宝物，又多名马"；"爨龙颜碑"记载"独步南境，卓尔不群"），我每次研读"二爨碑"，常常被当年的曲靖人感慨、感动又自豪。"二爨碑"的外形制作、碑文与中原汉文化一脉相承，且与当时所处时代（东晋）"盛行老庄"的风尚相一致。"爨宝子碑"中"至人无想，相忘江湖"的思想与晋人崇尚自然、纵情山水的人生理念十分贴近。碑文中赞誉爨宝子"少禀环伟之质，长挺高邈之操，通旷清格""发自天然，冰洁简静"的句子与晋人注重人品气度、喜欢虚华浮夸的审美倾向相吻合（当时的文风崇尚虚华浮夸，爨碑的内容是否也存在虚华浮夸成分，有待考证研究）。从书法角度看，虽然没有"爨体"这一体例，但都知道特指"二爨碑"上的字体。如今的曲靖，成了"爨书"的源头和中心，无数人能写"爨体"，各种各类的牌匾多以"爨体"书写，成为一个显著的地域特征或地方名片。研究者认为：爨氏时代，因远离中央政府，对中原日渐规范的楷体尚未完全了解与掌握，爨碑正好记录了这种似隶书非隶书、似楷书非楷书的过渡书体。也有持不同意见者。

"爨碑书法"的笔划结构在隶楷之间，兼有篆书遗姿，忽隶、忽楷、忽篆掺拌，可谓"三体合一"的融合物，因为没有留下书者姓名，也无法考证有无师承，于是各种猜测版本流行，最具代表性的有两例：一是本地一个书法家，由着性子写，歪也罢正也罢，错也罢对也罢，方也罢圆也罢，隶也罢楷也罢，偶尔还弄几笔篆书，所以有了"爨碑"朴拙的美、洒脱的美、丑到极致的美；二是一位才华横溢的厌世高人，书写了得意之作，不愿留下姓名，后人把碑文那种无序的排列，歪歪扭扭的结构，方圆并用的点画运笔，狂放洒脱、刚柔并济、动中求静的构思，臆想为刻意为之。甚而还有人揣测碑文书写者挥毫时的情状，也有两个版本在曲靖流行：一是得意之时的独创书法。纵观"爨体"，既无篆书的古韵端庄，也无魏碑的典雅，更无楷书与隶书的严谨，天马行空，肆意挥洒，不避丑拙，属得意时任情泼墨、挥洒自如的酣畅淋漓之心境，这时书法的美，仿佛大家闺秀浓妆贵妇之美；二是失意之时的发泄之作。端详"爨体"，它的魅力是原始的、野性的、蛮悍的，"爨体"的美恰恰在于它的不美或者无意去追求美，同敷粉薰香、浓妆艳抹的美不同，是不加修饰、不加雕琢，不避丑拙的野、蛮、怪的美，属失意时愤世嫉俗、孤芳自赏的狂放悲怆之心境，这时书法的美，有如小家碧玉清纯少女之美。但猜测终究是猜测而已，不足为据。作者认为，对"二爨碑"书体的看法，虽强调了书写，但忽略了雕刻，因为雕刻是书法的再次创作。

康有为评论"小爨"书体："端朴若古佛之容""朴厚古茂，奇姿百出""在隶、楷之间，可以考见变体源流"，李根源称颂"小爨"书法："下笔刚健如铁，姿媚如神女"；康有为评论"大爨"书体："若轩辕古圣，端冕垂裳""下画如昆刀刻玉，但见浑美，布势如精工画人，各有意度，当为隶楷极则"，学者顾峰在其著作《云南碑刻与书法》中说："书法雄强茂美，参差有致，疏密相间，笔力遒劲，气势宏伟，像刀斧击凿而成，有隶书笔意，其方笔略兼圆笔，其方笔又比六十四年后的《张猛龙碑》浑厚大方，其圆笔又比五十三年后的《郑文公碑》凝重挺拔"等。清光绪二十七年（1901年）在昭通出土的汉代"孟孝琚碑"，虽系方笔隶书，但夹杂了篆、隶、行、楷的笔划结构，也备受推崇。

爨碑书体与所处时代正统书家讲究法度形成了强烈对比，更多的是任性而为之，可谓独树一帜。但在当下书法界，对其价值的认可并不高。在多元审美背景下，大力推介、研究、临摹"二爨碑"，积极塑造、包装一批各具特色的"爨体书法家"，拓展书法艺术视域，扩大"爨体书法"影响力，构建并打造"中国爨体书法之都"，最终形成标志性、品牌性、权威性的地域书风，对于爨乡曲靖，意义重大。但要清醒并引起重视的是：现在不少的所谓爨体书法，写得愈来愈变味，自我成分太多，有些甚至写得越来越像"绘画"而不似"书法"。

# 爨乡古乐

 曲靖市麒麟区南城门楼上，有个爨乡古乐会，每周四下午，例行排练，一曲曲"此谱只应古时有"的旋律，余韵绕梁，神秘飘逸，仿佛天籁之声，让听者感觉时光倒流，凝重肃穆。

 演奏远古声音的，是创建于1983年的一个洞经古乐会。因为人才与资金的青黄不接，古乐会从成立之初就一直传承乏人、资金不济、运转维艰。自从知道有这么个团体后，我就时常莫名其妙地担忧：若干年后，这千年绝唱，一不小心真的成了绝唱，再也没有人唱了，那么，遗憾会是一种怎样的悲凉呢？30多年过去了，古乐会一路坚持下来，有太多辛酸和不容易。如今，古乐会秉持一个朴素的信念：这么多年走下来了，不是为钱，不是为名，是为了把老祖宗的东西（文化遗产）传承下去！

 爨乡古乐，实质是让远古的声音飘扬在今天的时空。因为爨乡古乐演奏曲子，特别是唱词部分，严格遵循古时经文。由于时代变迁，不少古乐演奏团体，在演奏时把唱词进行了改动，只有曲靖爨乡古乐，一直力图保持原始韵味、原汁原味，即老辈人怎么演奏，现在人就怎么演奏，老辈人怎么吟唱，现在人就怎么吟唱。在曲靖演奏洞经古乐的民间团队虽然不少，但运转正常的可谓凤毛麟角。曲靖所有的古乐团体，都面临一个共同的严峻现实：队伍老化，后继乏人，没有资金，维系艰难。

某种程度上，爨乡古乐是墙里开花墙外香，不少外地人慕名而来，但在本地人中，知道的并不多。虽然每周四古乐会都定时在南城门三楼上演奏，但有些自演自听的尴尬。二十年前，我邀约着几位朋友专门去聆听，当时的会长赵宏逵老先生忧心忡忡对我说："没有年轻人参与，缺少新鲜血液，扶持资金太少，演出活动难以开展，如果这样发展下去，千年古乐恐怕真要成为千年绝唱了！"

从成立之初到现在，爨乡古乐会先后有 10 多人去世，赵老先生已经双目失明十余年，古乐会的会员绝大多数年老体弱，不乏带病演出者。十多年前，我陪同几位外地客人再次去聆听爨乡古乐，那天的演出让我感慨感动、记忆犹新：有 3 位会员因病住院，未能参加，演出过程中，一名会员因病无法坚持，中途退场，赵宏逵老先生在家人的搀扶下亲临现场，与张林波先生一起指导这场演出。事隔几年后，我应邀再去，可喜的是，这支古乐会仍在运转，还增添了不少新面孔和年纪不算太大的人。会长李世纬先生是"市级非物质文化遗产（古乐演奏）"传承人，原先的顾问张林波先生现在是副会长，印象最深的依然是"三老"：人老、设备老、曲子老。现在又是什么情况呢？据了解已经更名为曲靖洞经古乐会，会长张林波，也是古乐演奏市级非遗传承人。

但是，对爨乡洞经古乐的未来我仍然不敢持乐观态度。毕竟，这个民间演奏团体的成员绝大多数是老年人，留给他们的时间真的不多了，要命的是年轻人又不喜欢。一个地方，若没有故事流传，没有年轻人参与，那么这个地方就没有生机和吸引力。我相信，这些老人们的付出和坚持，一定会成为曲靖这座古老城市里永不过时的动人故事！

曲靖爨乡古乐源远流长、经久不衰，始于秦汉，自西晋、南北朝到隋唐，经历代演变，至明朝洪武年间，吸收了中原宫廷音乐、江南乐府、丝竹管弦、民间歌舞等内容，有了突飞猛进的发展，到了明朝万历七年（公元1579年），逐渐填入《文昌大洞仙经》等经文，此后始称洞经音乐，被誉为"东方的古典交响乐"，属云南极具代表性的音乐品种。曲靖各地民间都有洞经会组织，会演活动曾经十分兴盛，麒麟、会泽、宣威、沾益、陆良、师宗、罗平相对比较活跃。洞经是套在乐谱中的唱词（即用经文作为唱词），音乐是实质，换句话说，曲靖洞经音乐的乐谱是支柱和灵魂，而唱词则是随时代而变迁的一种文字反映。音乐分为经腔和曲牌，有唱词叫经腔，是经文中的韵文部分，和诗词相近，曲牌即曲调，主要用于各种礼仪活动时的配乐，也作为经腔的间奏。明朝中叶，由于佛教在曲靖大为发展，形成"无乡不建寺，无村不有庙"的状况，为适应这种需求，曲靖洞经堂会把一些优秀的传统乐曲填入经文，统称"洞经"，迄今已有500年历史。洞经音乐本身丝毫不同于佛教或道教念诵经文的声腔，而是完全按照传统的五声调式和七声音阶的韵律发音并进行演奏。演奏洞经音乐的乐器，主要分为管弦乐和打击乐两类。管弦乐，主要是笛子、二胡、琵琶、三弦、古筝、唢呐、扬琴等；打击乐主要是大鼓、小鼓、大锣、小锣、绞子、云乐、翠鼓、磬、木鱼、碰铃等。

随着历史的发展，时代的变迁，各地的洞经音乐又根据本地的不同习俗带上自己的特点，但曲靖的洞经音乐力图秉承原汁原味，与滇西、滇南的差别不小。洞经会在不同地方有不同的称谓，有称"会"和"学"的，也有称"坊""堂"或"坛"的，有的地方还有文、武洞经会之别。洞经音乐以劝化世人，纯正民风，崇敬先贤，恭谦礼让为宗旨。洞经会作为一种民俗礼乐，礼，从外向内，端正人的行为；乐，从内向外，净化人的心灵。在云南民族民间音乐文化中，洞经音乐以其庄重肃穆、曲调优美扎根于广大人民群众中。但个人以为，无论曲靖爨乡古乐还是丽江纳西古乐，都属汉族移民至滇杂交变异保存下来、并在各个民族地区生根开花的文化现象之一，严格说，脱胎于洞经音乐，绝非土著民族原有之文化。

"白石江一仗定云南"后，明朝30万征南将士大部分留在云南"戍兵屯田"，随之把江南乐府和宫廷音乐等带到当地，并逐渐与当地民间的歌舞管弦融汇一体，曲靖自然也在其中。到了晚清时期，曲靖府城的洞经会主要有三支："宝善堂"（文昌宫内）、"新宝善堂"（魁阁内）、"辅元堂"（南城门楼纯阳阁内）。洞经音乐可算作爨乡古乐的一个组成部分，爨乡古乐又可以算作爨文化的一项内容。很多人知道大理段氏，但很少有人知道比大理段氏更古老、存在时间更长的曲靖爨氏；很多人听说过丽江纳西古乐，但很少有人知道比纳西古乐还要古老的曲靖爨乡古乐！

爨乡古乐是曲靖爨文化的一个内容。爨文化作为一个地域特征明显的文化现象存在于世，是不争的事实。但爨氏所处的时代，正是中国汉末魏晋南北朝时期，既是中国历史上的一个动乱年代、多事之秋，又是中国文化史上百花齐放的时期。这个时代以前——汉代：在文艺上趋于质朴，在思想上定于一尊，统治于儒教；这个时代以后——唐代：在文艺上趋于成熟，在思想上由儒、佛、道三教支配。这个时期是中国人精神上大解放、人格上大释放、思想上大自由的时期。世居爨氏政权腹地的曲靖人自称"爨人"无可厚非，爨人在云南的发展过程中，逐渐融有古滇人血统，并继承了以昆明晋宁为中心的古滇文化，创造了爨文化，成为南诏大理文化的渊源，后来的南诏国、大理国，就曾继承爨氏遗风。民间流传的爨人使用的"蝌蚪文"，如今无人识得其模样，"蝌蚪文"被彝族认为是彝文的起源，爨人所衍传的歌舞音乐，可从古爨

154

人的后代彝族支系撒尼人那儿去窥见和想象。

　　有人说曲靖缺少一个能够把爨乡古乐推向世界的长袖善舞的江湖大侠来操盘，这虽然是玩笑话，但折射出某种道理。譬如在丽江，自从当年宣科和他的大研古乐会挖掘整理的纳西古乐被鉴定为丽江"出土"的中国唐宋音乐后，纳西古乐从此阔步走向世界，曾经有种说法，去了丽江若不去听大研古乐队的演出，等于白去了丽江。

　　古滇文化、南诏大理文化，有载体有传承，有独具一格自成一体的典型特征和传统架构，而爨文化的致命悲哀在于：研究来研究去，几乎只是两块爨碑，成为一个事实上的虚无概念！

# 曲靖老城风水

　　坊间流传，曲靖老城风水之龙脉在市委党校及周边。此说久矣，不知是否靠谱，原因为何？作者找来不少本地史籍乱翻，寻不到根据，但貌似有关联，心有不甘，于是抛砖引玉。权当鄙人茶余饭后胡诌，恭请方家不吝赐教，诚恳接受批评指正！

　　列举市委党校及周边部分重点古迹：

　　文昌宫（市委党校内，已毁）

　　贡院、学政考棚（市委党校靠近市农业局附近，已毁）

　　财神庙（党校隔壁市委西南角，已毁）

　　县署、府署、卫署、逐东道署、中军都司、云贵都督府（原曲靖卫校一带，皆毁）

　　典史署、曲阳书院（城关小学一带，已毁）

　　曲靖府同知署（文昌街市公安局老院内，已毁）

　　城隍庙（市公安局老院靠近工商银行城关支行一带，已毁）

　　天王庙（文昌街市检察院老院靠近市直干休所附近，已毁）

　　靖阳书院（麒麟公园西北角，已毁）

　　土主寺（市委南面西门街下段，已毁）

清真寺（市委西面新道巷内，基本保留）昭忠祠（市委西面新道巷内，已毁）武侯祠（诸葛巷6号附近，已毁）

迤东兵备道署（曲靖一中内，已毁）

斗阁（曲靖一小内，已毁）

文庙（东门街原彩印厂内，已毁）

魁阁（水闸口"三步两道桥"附近，已毁）

火神庙（原火柴厂内，已毁）

东岳庙（东门街医药公司内，已毁）

娘娘庙（东门街市一幼职工宿舍院内，已毁）

曲靖文昌宫，也称文昌学宫，是清代曲靖规模与影响最大的官办书院，即讲学和读书的学堂。在古代，文昌宫是庙学合一的地方，既是祭拜文昌神的宫殿，同时也是教学、教化的场所。

曲靖贡院，即"考场"，民间称"考棚"，国家选拔人才的场所。科举时代，曲靖辖区各县的读书人通过本县县试后，到曲靖贡院参加府试和院试，中试者（即秀才）到省城参加乡试，考中者（即举人）再到京城参加会试和殿试。

《南宁县志》记载曲靖老城的特点是"四门错落不对开，巧布八条丁字街，九对巷道十字路"。老城背靠寥廓山东麓，北邻康桥河，依山傍水，易守难攻。在一平方公里的老城里，设施俱全、功能完善，有满足政治的衙门，有满足宗教的庙宇，有满足教育教化、选拔人才和文化活动的孔庙、文昌宫、贡院以及书院，有点缀风光的亭台楼榭。临街建筑前店后厂，楼上居住，每户房子均呈长条状，多数为三房套两院，院内均有水井，这种布局有人说是"一颗印"，由众多"一颗印"排成一行，就是一条街，为了防火，设置了马头墙、猫拱墙，采用腰厦结构的猫拱墙，还能缓解屋顶雨水对街道的冲击。城内的丁字街，有防风、防火、防水患、防骑兵冲击等作用。

民间传说，曲靖老城的设计者是明代设计南京城的汪湛海，曲靖城的设计图纸后来又用于建筑澳门城。澳门古城早已荡然无存，曲靖古城还保留几条残破的街道和两段明城墙。

汪湛海，明朝地理学家、堪舆家（即风水家），参与设计并修建明皇宫、明祖陵，还设计了几个大城市。古老的曲靖城，有大量文物古迹，仅明清时期，志书上明确记载的寺有：观音寺、天王寺、报恩寺、圆通寺、正法寺、玉泉寺等 20 余座；庙宇有：关帝庙、文庙、城隍庙、旗庙、东岳庙、火神庙、财神庙、玄坛庙等 20 余座；祠有：武侯祠、名宦祠、乡贤祠、忠义孝悌祠、节孝祠、昭忠祠等 10 余座；宫有：文昌宫、关圣宫、川主宫等 10 余座；阁有：都天阁、文昌阁、太阳阁、太阴阁、吕祖阁、张仙阁、白玉阁、魁阁、斗阁等 10 余座。还有无数的庵、殿、教堂。规模最大，建筑最宏伟的一处是位于东门街原曲靖彩印厂内的文庙。据《南宁县志》记载，当时的文庙"坐北面南，天马峙其左右。堂居宽大，气象万千，真圣人居也"。落成后，几乎每任地方官都修葺扩建，到了康熙年间，仅天子台下面东西两侧的庑殿就达 28 间，里面书籍、祭器、乐器、冠服应有尽有，庭院植有桂、柏以及各种名花异草。另一处是位于东门外原地区粮食局车队附近的东山寺（也称报恩寺）。《徐霞客游记》记载："出曲靖府东门半里入东山寺，建有大殿，前列楼配之，置宏钟之大，余所未见也，殿左有藏经阁。"时过境迁，这些古迹都随风而逝，今天能看到的只有两段明代的城墙，历经六百多年风雨，还静静地屹立在康桥旁国风剧院的一侧和天池公园西南面。

管子有句话"非于广川之上，必于大山之下，高毋近旱而水足，低毋近沟而防省"，影响了中国上千年城建史，曲靖老城的建筑也是遵循这一原则的结果。在坝子边缘，北临麒麟山，南倚寥廓山，东临南盘江，又有潇湘江、白石江环绕，倚山面水，居高临下，不能不说是个风水好地。《南宁县志》记载：曲靖府城从 1387 年开始筑砖城，城周长六里三分，高有三丈，厚如之，雉碟高一丈，垛口有一千六百三十个，设了四门。东门为乐耕门，南门为来薰门，西门为胜峰门，北门为迎恩门。北门楼两侧建有两个瞭望楼，一个叫临漪楼、一个叫兆京楼。每道城门下部用的是五面石，中部和上部用条石和青砖砌成。在四座城门上建了木结构的城门楼，双重楼飞檐式：东为太阳阁，阁上悬"平瀚滇云"匾，南名纯阳阁，悬"文明丽政"匾，西名太阴阁，悬"胜峰起秀"匾，北名都天阁，悬"恩迓神枢"匾。城墙用砖砌筑、内是夯土，部分外沿用五面石镶嵌。全城依地形呈不规则长方形，坐西向东，城内道路网为丁字形，建设之初规划了 38 条街巷，街宽 6 米，巷宽 4 米，街心地面为砂石板条石，两侧铺有河卵石路面。主要街道两旁的民居多为一楼一底的吊脚楼，门面较窄，进深却长。这座府城前后用时 33 年，直到永乐十八年（1420 年）才建成，曾经有"三峰耸翠、朗目晚照、石堡远眺、温泉春浴、潇湘碧柳、何屯桃霞、东湖秋月、北沼荷风"八道靓丽景致。

汪湛海被尊为"定脉寻龙"之鼻祖，民间传说在广西桂林辞世后，葬于海南海域，以水葬的形式入殓，曾有人寻其墓址，一无所获。还传说在长白山的首领峰上，他设计建造了一个宫殿，建成后像悬浮在空中一样，因什么原因被毁，至今不详。

1999 年，澳门回归前夕，中央电视台"庆祝澳门回归倒计时 100 天'世纪龙腾'晚会"，邀请北京、珠海、澳门和曲靖的四位嘉宾，现场进行"澳门古今谈"。来自曲靖的赵宏逵老先生谈的是曲靖与澳门两座城市六百年前的一段渊源。按赵老所说，澳门老城和曲靖老城是仿照西安古城先后建造的一模一样、背对背的姊妹城，设计者为同一人，就是汪湛海。但作者认为：汪湛海应该没有来过曲靖，因为至今查不到来过曲靖的任何正史记载。

总之，来到曲靖若不去老城逛逛，等于没有来过曲靖。

# 徐霞客的曲靖之行

　　曲靖市的富源县是徐霞客入滇第一站。徐霞客从家乡江苏江阴县出发的时候，南京迎福寺有个叫静闻的和尚想跟他一同出游，徐霞客便取道南京与静闻和尚结伴而行，那时交通阻塞，匪盗猖獗，在过湘江时，他俩遇上匪寇，静闻和尚受伤，到了南宁崇善寺已经生命垂危，死前希望徐霞客将他的骨灰带去云南鸡足山安葬。之后，徐霞客带着静闻和尚的骨灰，颠沛流离，相伴相随，于崇祯十一年（1638年）五月初十由贵州进入云南。

　　徐霞客自崇祯十一年五月初十入滇，崇祯十三年（1640年）正月因病返乡，在云南游历考察了一年零九个月。《徐霞客游记》现存62.8万字，其中《滇游日记》25万字，占全书总量的40%，足迹遍及今天的曲靖、昆明、玉溪、红河、楚雄、大理、丽江、保山、德宏、临沧等10个州市的46个县境。

　　为了弄清南、北盘江的源流，实现"躬睹江源"的夙愿，徐霞客围绕南、北盘江行程千余里，目击追踪，溯江踏探，历时四个多月，两进两出曲靖区域，终以实地考察文献《盘江考》做了结论。

　　徐霞客的曲靖之行，由贵州盘县经胜境关入云南富源为起点，这时，他已经51岁。遗憾的是，《滇游日记一》不幸散佚，让今人对他此段行踪的细节无法获知，只能从《盘江考》和《滇游日记》透露的些许信息，进行大致判断与了解：

徐霞客由黔入滇后，从富源县至沾益区，住在沾益有钱人龚起潜家。之后乘船顺南盘江水南下，过麒麟区达陆良县。再之后，经石林风景区，到嵩明，抵昆明。又经呈贡、晋宁、江川至通海，游览了"秀甲南滇"的秀山，到达建水，经开远、弥勒进入泸西，并"秉炬穿隘"探查了阿庐古洞。八月初七，他在泸西继续追踪着南盘江流向，往东北到了曲靖的师宗县。八月十七，又从师宗到了罗平境内，八月十八进入罗平县城。徐霞客在罗平四处打听南盘江源流，寻访到一个叫姜渭滨的人，说南盘江"流经东北师宗界，入罗平之东南，抵八达彝寨（八大河）汇江底河（黄泥河），再出境"。按此说法，徐霞客做了深入的实地踏勘，探究其原委。经过认真细致的考察，证实了姜渭滨所述与南盘江走势相吻合，徐霞客将之全部记入游记。随后，徐霞客从罗平进入广西再至贵州兴义，又绕道回云南，于八月二十九日复入富源的古敢、黄泥河。九月初一，从富源黄泥河启程，转向西南，进入麒麟区，经东山抵越州至三宝，兜了一个椭圆形的大圈子。他打算重返沾益深入踏勘。九月初七，徐霞客投宿麒麟区东山独木水库旁的马场。九月初八，从茨营进入南盘江西岸的石宝山，因天色较晚，夜宿石宝山温泉。第二天在温泉沐浴时心情愉悦，游记记录："半里，入围垣之户，则一弘中贮，有亭覆其上，两旁覆砖砌两池夹之。北有榍三楹，水从其中下来，中开一孔，方径尺，可掬而盥也。遂解衣就中池浴。初下，其热烁肤，较之前浴时觉甚烈。既而调温适体，殊生弥勒之太凉，而清冽亦过之。"通过这段记述可以知道，麒麟区三宝温泉开发利用时间较早，徐霞客到来时已有两个浴池，池壁用砖砌成，并有亭、榍等建筑。浴后，徐霞客向北行三十里，到了麒麟城外，遇军兵"拥骑如云"，只好急避道旁，心想城内可能有事。徐霞客从南城门进入，从东城门走出，来到东山寺（又名报恩寺，位置在原地区粮食局车队附近，已毁），日记记录了寺内有一口大钟，"钟之大余所未见也。"（史料记载：明代唐时英曾重修此寺，新建吟啸楼，置巨钟于上，遏制东海子水患。1927年龙云和张汝骥、胡若愚军阀混战时，龙云部下放火烧寺，大钟毁于战火。）徐霞客出东山寺后继续北行，来到了沾益城。因途中遇下大雨，弄得满身泥垢，投宿于第一次到沾益时住过的龚起潜家。游记记录："入南门，由沾益州署前抵东门，投旧邸龚起潜家异之，余以足泥衣垢，因连日下雨，走不了只有在龚家停留数日。""余欲行，主人以雨留，复为强驻，厌其洒脯焉。""初余欲从沾益并穷北盘源委。龚起潜为余谈之甚晰，皆凿凿可据，遂图返辕，由寻甸趋省城焉。"

徐霞客因为细察了南盘江的源流后，决定再赴沾益弄清北盘江的情况，但听了龚起潜的详细介绍，且龚起潜那席话"谈之甚晰，皆凿凿可据"，认为已经清楚南、北盘江的源流情况，没有必要再亲往踏探，故而致使他错过"躬睹江源"之夙愿，不能不说是一件让后来人为徐霞客终身抱憾的事情！在此之前，官方的《一统志》曾把贵州盘县境内的大黑山定为南、北盘江发源地，徐霞客在游黔途中所做结论也以《一统志》为是，及至遍考了盘江水系，方才发觉《一统志》的误勘。就这样，徐霞客两次来到沾益，两次临近南盘江源，在《盘江考》中第一次明确指出"珠江之源在沾益炎方一带"。

《盘江考》记载：南盘江发源地在云南东境的炎方附近，经沾益、曲靖、陆良、路南、华宁、开远、罗平流入广西境内。由于当时条件限制，没有找到南、北盘江发源地的确切位置。从九日至十一日因连日下雨，徐霞客只有在龚起潜家写日记，十二日天气转晴后决定去翠山考察。从《滇游日记》中可以得知，徐霞客投宿先前来过的龚起潜家，正值仲秋，龚起潜盛情款待了他。"九月十二日，主人晴笃，候饭而行，已上午矣。"徐霞客因为急着要去翠山，当日午饭后即离开龚家，出了沾益城直奔翠山。走过一座三孔石桥，当地人叫"黑桥"，沿着一条古驿道穿村而过，越太和山进入三岔坝子，过了石幢河边的新桥，穿过戈家冲（屯）、刘家坡，来到白石江边。洪武十四年（1381年）明朝三路大军同元朝残余势力激战的古战场历历在目。徐霞客仔细观察了白石江的上游，游记记录："涓细仅阔数丈，名独著，以沐西平首破达里麻于此，遂以入滇也。按达里麻以师十万来拒，与我师夹江阵，是日大雾，沐分兵从上流潜济，绕出其后，遂破之。今观线大山溪，何险足据；且白石上流为戈家冲，源短流微，漾带不过数里内。沐公曲靖之捷，夸为冒雾涉江，自上流出奇夹攻之，为不世勋，不知乃与坳堂无异也！"徐霞客据此来说沐英夸大战功和史书记载不实，指出这涓细仅阔数丈，漾带不过数里的白石江，怎能容纳一场三十余万众的大战役？因而，对双方军事实力产生怀疑，且从时间上推论，相距此次战役才过去二百多年，江面变化不至于这么大，认为是沐英有意夸大战功，为了向朝廷邀功请赏。

徐霞客沿白石江畔行了三十余里，转至横山屯（今王三屯）从翠山南面进入主峰。先入护国寺，他认为寺院建筑错落别致，环境幽雅整洁，大殿前面"两柏甚巨，夹立参天"，寺院后面"危崖回峭，藤木倒垂"，正被这样的景致陶醉时，护国寺的小和尚却对他说："朝阳庵更为幽静，何不去那里品茗。"徐霞客随小和尚沿着林荫小径来到左侧半山腰的朝阳庵，见庭院内遍植花草，几株桂花开得旺盛，香气四溢。他在日记中记录："朝阳庵中有西番菊两株，其花大如盘，簇瓣无心，赤光灿烂，英菊为之夺艳，乃子种而非根分，此其异于诸菊者。"可惜这奇特的菊花今天见不到了，究竟是没有传种下来呢，抑或徐霞客当年记录有误、弄错了物种？徐霞客受到大乘师和总持师真诚热情的接待，"虽瓶无余粟，豆无余蔬，则正着不占蔬，而止以蔬奉客"。

因连日阴雨天气阻隔，欲行不得，徐霞客在翠山停留了11天（除第一晚下榻护国旧寺外，其余都住在朝阳庵），其间，他曾两次穿过"恍若九天"牌楼，到达山顶的翠和宫，细察山势水源，认为"此峰则为两江鼻祖"，后来证明他的说法有误。翠山之顶有"一水滴三江"之说，即山顶之水分别流入牛栏江、西河、白石江，牛栏江流入金沙江属长江水系，西河、白石江流入南盘江属珠江水系。但徐霞客确认"始信是顶为三面水分之界"，把牛栏江误为北盘江了。徐霞客游遍山中寺院，考证朝阳庵为刘九庵大师所开创，万历庚子年（1600年）由云南巡抚陈用宾修建。刘九庵是明朝进士，官至左副都御史，为人正派耿直，在多年官宦生涯中，看到朝廷奸臣当道，官场腐败，民不聊生，在巡察曲靖期间游览翠山时看中这宁静之地，于是削发为僧，弃官隐居。

翠山曾拥有"九庵十八院"。《滇游日记》记载：翠山有翠和宫、护国旧寺、地藏寺、天平庵、朝阳庵、八角庵、金龙庵、盘龙庵、灵官庙、"恍若九天"牌楼等建筑，庭院幽回，丹桂飘香，飞瀑泉流，鲜花遍野，是滇东名胜之地。称"翠峰为曲靖名峰，秀拔为此中冠"。可惜这些古建筑群、繁茂森林后来遭到严重破坏，泉流飞瀑已经没有了。连日阴雨也造成山中寺庵几近绝粮，大师们只好"煮芋煨栗"待客。九月二十二日，天气好转，徐霞客双手合十辞别僧众，依依不舍离开翠山，开始趋马龙，往昆明，奔滇西。

关于"曲靖"这一地名的来历，学术界长期以来争论不休。有史料称，唐代把当时称为"曲州"的现今昭通鲁甸一带和称为"靖州"的现今湖南会同以南、贵州锦屏以东的人民迁往石城定居，两地人民为了不忘故地，把"曲州""靖州"各取一字合起来，称新定居地为"曲靖"（史籍《新唐书》中最早出现"曲靖州"三字，但"曲靖"一名在唐宋时并未通行使用，到了元代才正式作为行政区划名称使用至今。但从元代开始误为曲州、靖州皆在曲靖。合并取名曲靖路，相沿讹误至今。《徐霞客游记》的记述则是："曲靖者，本唐之曲州、靖州也，合其地置府，而名亦因之。"但"曲靖"之得名，真实缘由为何，有待进一步考证）。

徐霞客后来去了大理鸡足山，将静闻和尚的骨灰葬于鸡足山，帮静闻和尚了却遗愿。三百多年来，鸡足山虽历经盛衰，而静闻墓塔至今犹存。之后徐霞客又至保山抵腾冲，到了丽江。从丽江返回时病倒在鸡足山。1640 年正月，丽江知府木增派人用滑竿护送，辗转半年，徐霞客回到了家乡江苏省江阴县。又过了半年，病逝于家中，终年 54 岁。

# 曲靖老城的街巷名称及由来

史书记载，曲靖麒麟老城从 1387 年开始，由明代首任曲靖卫指挥使刘璧率军民建设，前后用时 33 年，直到 1420 年完工（明正德《云南志·卷十九下·名宦五》、清康熙《云南通志·卷二十·秩官志·名宦·曲靖府》、清康熙《南宁县志·卷三·建置》等皆有记述）。初建时的规划设计，有 38 条街巷，街宽 6 米，巷宽 4 米。老城西倚寥廓山，南临潇湘河，北接康桥河，潇湘河、康桥河自然成了曲靖老城的护城河。北面及西北面有白石江环绕，东面有南盘江横贯南北，东北面有麒麟山（今麒麟巷、市气象局一带，曾名"红卫山"）隔阻。居高临下，易守难攻；山阴水阳，占脉拥势。老城区的地貌，状如龟背，形似"卉"字，因西南高、东北低，呈一倾斜坡地，民间又喻之"渔翁撒网"。

每一座城市都有街巷，每一条街巷都有名称，而每一条街巷称谓的背后，都有历史缘故。街巷名称透露着曾经的历史过往与地理、民俗信息。当然，街巷名称并不是一成不变的，随着时代的发展与变迁也不断地发展与变迁。漫步曲靖老城区的老街老巷，这里的街巷地名，背后究竟藏着些什么样的地理信息、民俗美学以及学问掌故与历史渊源呢？曲靖老城区的街巷地名，无论历史或者文化，皆积淀深厚，历经岁月沧桑的洗礼，六百年后重新回眸审视，不外乎两种情形：一是保留至今的；

二是几经变更的。

以建城时四城门坐标为方位命名的主要街道：东门街、南门街、西门街、北门街（当年老城内有七个市场，东南西北四条街是其中四大集市，按生属日区分赶集）。

**打油巷陈家大院**
**（张志永 60 年代写生，戴兴华翻拍于《张志永画作》）**

以城市排水沟命名的：塘巷街（后改坛行街、糖行街，曾叫潦浒巷，但潦浒巷包含了分司巷且以分司巷为主）、箭道巷、水闸口巷等，酒行街栅子、射圃街渠、水司巷大阴沟（沟上曾有一座由兵士修建的副爷桥）、水闸口大阴沟、大场院大阴沟是当年城市下水道的五大汇合处。当年，瑞文街的富裕桥、曲靖文庙旁的飞虹桥、驾虹桥，以及再往下的"三步两道桥"（走三步就经过两座桥），桥下就是下水沟汇集而成的小河流，然后继续往东南流出城外，至城外形成三大下水沟，故有三大沟巷。值得一提的是，当年建城时下水道的设计可谓独具匠心，分为明沟和暗沟，暗沟洞口高两米左右，里面高差不大，总体适度，全长两公里左右，六百多年过去了，没有出现严重淤塞现象，至今仍然发挥着城市排水沟功能。笔者孩提时，玩"捉特务、躲猫猫"等游戏，曾躲藏、钻行在下水沟里面。

卖菜街（学院街南段），以卖菜形成集市而得名。酒行街，以酿酒并经营酒类的人家较多而得名。打油巷，因制作并销售食用油作坊相对集中而得名。顾名思义，宰羊巷、三棵树巷、食品街等，也就不难理解了。

学院街，因明清两代的贡院、学政考棚以及府教授署、县教谕署的办公所在而命名（府教授署、县教谕署也曾驻文庙附近）。总塘街（东门街西段），因清代总塘署衙门所在而得名。分司巷，因明清时代中军都司分司衙门所在得名，一段时期，巷内因出售越州潦浒出产的日常生活陶瓷器皿而形成集市，又称"潦浒巷"（包含了现在的糖行街。糖行街的东南面是明清时代的府仓。民国时为官仓，官仓内为红糖市场，曾经的"坛行街"逐渐变迁为现在的"糖行街"）。水司巷（后改为五福巷），因明清时代管理水务的衙门所在而得名（民国年间，巷内因有五大茅厕，臭气熏天，污水横流，民间俗称"五大茅斯"，中华人民共和国建立后改称"五福巷"）。

土主街，明末清初，居住在西门街的一户地保夫妇，为挽救街坊邻居免遭大西农民起义军屠戮，因"泄密事件"被攻陷曲靖城的孙可望部残酷杀害，为缅怀其功德并为永世铭记，曲靖民间自发捐资在其住址建成"土主寺"（即把地保夫妇当土主世代供奉），而将西门街东段（下南门街口以东）改名土主街（即民间所说的上西门街与下西门街，土主街为下西门街）。两条蒋家巷，一条为明代世袭曲靖卫指挥使蒋氏的家宅所在而得名（位置在上西门街与打油巷交界处，原来可南行至天池巷，后被市第一人民医院宿舍区阻断）；另一条位于城东，由南城门内顺城墙往东可直达东城墙，因巷内有蒋姓人家居住而得名。巴家巷（位置在原曲靖卫生学校与原省水利三公司之间），因巷里有几户巴姓人家居住而得名，现在改称"芭蕉巷"（巷内现存"巴家井"）。川主巷，因清代在巷内建有川主宫（四川会馆）而得名。卷硐门街（民间称卷硐门或下南门街，即南门街的北段），因街口建有石门牌坊而得名。十字街，即水司巷至巴家巷（东西向）、上南门街至卷硐门街即下南门街（南北向）交叉处形成的十字路口那一小段。石子街（原北门街南段），因街面多以小石头铺成而得名。射圃街，以明代设置的射圃（为儒生学习射箭的场地，一般都修建在文庙附近）而命名。魁阁巷则与魁阁有关。

还有按方位命名的，譬如北后街、东城巷、仓上巷（因位置在府、县仓库的上面）、西北巷、南园巷、小斜街及东关街、南关街、西关街、北关街等。大场院巷，是明清时代操练士兵的大操场及兵备道署衙门所在地。新道巷，为清末新建，因民间俗称久了而得名。之前，这一片区有启文街、黉学巷。再譬如玄坛路，为元代所建玄坛，明代遗存，毁于清代，至今称呼未变。

至于天池公园之天池，则与明清时期的"大塘子"有关。老城的城墙四角有四个角楼，角楼下设置四个大水塘，西南角因地势最高，水塘面积最大而被民间俗称"大塘子"或"张仙阁塘子"，也称"天池"（因地势高且从未干涸过，民间传说此水为寥廓山地河水淌入）。西北角为天王寺塘子，东北角为马王庙塘子，东南角为火神庙塘子（也说魁阁塘子），相对应，城外也建有北门塘、东门塘、西门塘、南门塘四个大水塘。中华人民共和国成立后，先后被填平了，西南角的"大塘子"因用作了养鱼塘而幸免，后改建为现在的"天池公园"。天池巷则与天池有关。

鼓楼巷由于连接东南北三城门，相对属于曲靖府城的中心，因此设有钟鼓楼（位置在东门街原彩印厂大门的北面，横跨鼓楼街两端，俗称"鼓楼硐"，也称谯楼），"谯楼夜市"是曲靖著名景观之一，明代第一才子杨状元（杨慎，号升庵）曾题对联："何须密迩尧天，尽是康衢乐国"，感叹"谯楼夜市"之热闹繁华。文昌街，原为后旺街，因明代建有文昌宫的缘故，东段改为文昌街，西段称为箭道巷，现统称为文昌街。诸葛巷，因巷内建有武侯祠（民间俗称诸葛庙）而得名（三国时，诸葛亮"南征孟获"班师回蜀前，三军会盟曲靖石宝山，曾镌刻"消兵留碣碑"存世，后被镶嵌在武侯祠正面墙上，此碑高80厘米，长2米，碑额的"消兵留碣"四个大字为诸葛亮亲自书写，20世纪60年代末期拆毁武侯祠时，至今下落不明）。

明代的学宫——文庙，是曲靖府城占地面积最大、最辉煌的一组建筑群，设置在石子街与水闸口之间（东西向），南宁（曲靖）县署与射圃街之间（南北面）。按照史书描述，其建筑面积和规模不亚于"建水文庙"，只可惜荡然无存了。还有曲靖的"忠义第"（"杨半城"杨本昌私家宅院，民间誉之"杨家花园"），按史书描述，其建筑面积和规模不亚于"建水朱家花园"，只可惜也荡然无存了。

曲靖城内两位明代进士出身的官员，在曲靖城边建了两座书院。咸丰《南宁县志·卷二·公署》记："靖阳书院，在城外西北，明邑人布政使朱家民建，久废。兴古书院在城关外报恩寺右，明天启间，邑人、吏部主事李希揆建"。靖阳书院位于书院路东侧靠近珠江源广场一带（书院路因靖阳书院而得名。靖阳书院也有史料记载为唐时英建），兴古书院位于原地区粮食干部学校一带。这里曾经是曲靖著名的东山寺，也称报恩寺（《徐霞客游记》记载："出曲靖府东门半里入东山寺建有大殿，前列楼配之，置宏钟之大，余所未见也……殿左还有藏经阁"），可见东山寺在明代就已闻名滇东。清代，曾将明代通判署改为曲阳书院，位置在今天的新道巷城关小学附近。清康熙三年（1664年），南宁（曲靖）知县程封建南城书院，位置在城南正法寺内（今寥廓山园通寺一带）。

《曲靖军民府六属公立府治碑》记："曲靖，滇南首郡也。自汉开疆，千百年来，其间人物之盛，城郭宫室之巨丽，见之昔者，靡不厘然可观。"

清咸丰《南宁县志·卷二·建置》记载：明末清初，沙定州、孙可望率领的大西农民起义军攻占曲靖城后，对曲靖进行焚烧和屠杀。清康熙二年经过复修，新建四个瓮城（月城）及箭楼，并在北城门东西两侧城墙上增修敌楼两座：西为临漪楼，东为眺京楼。1927年2月6日，龙云、胡若愚、张汝骥、李选廷四镇守开始发动"二六倒唐（继尧）政变"，5月23日，唐继尧在愤懑交加中逝去，云南军阀们在争夺政权中又爆发"六·一四"政变；8月30日，"第一次围城（曲靖）之战"爆发，历时40天；11月，张汝骥、胡若愚率所部及黔军一个团共计四万多人退守曲靖城内，导致"第二次围城之战"，历时33天，其间，曾挖地洞把北门月城炸毁，临漪楼和眺京楼也毁于战火。"两次围城之战"，曲靖城内各种古建民宅被战火焚毁后倾圮殆尽，各种文书档案被战争洗劫后损失散佚。当然，在历史长河中，事物并非停止不变，而是随着时代发展不断变动的。譬如，明清时期曲靖的府衙与县衙，就不是固定于某处，而是几经变迁、修缮或重建。街巷的称谓，也一样处在发展变化之中。

# 龙云献图与三元宫会议

　　红军长征两次途经云南曲靖，赋予曲靖光荣的革命传统，既播撒了燎原的火种，又留下许多弥足珍贵的红色遗址、重要史实和脍炙人口的传奇故事。据《曲靖市革命遗址通览》① 不完全统计，2012 年共有革命遗址 166 处，其他遗址 12 处，遍布于曲靖的各个县（市、区），其中麒麟区 13 个，会泽县 15 个，宣威市 24 个，富源县 20 个，沾益县 6 个，马龙县 32 个，陆良县 28 个，师宗县 16 个，罗平县 12 个。

　　1934 年 10 月，中央革命根据地第五次反"围剿"失败后，为保全力量，同时北上抗日，中央红军实施战略转移，即历史上著名的长征。1935 年 1 月 15 日，中共中央在遵义召开政治局扩大会议，之后是扎西会议，再占遵义，四渡赤水，南渡乌江，兵临贵阳，再之后就是三元宫会议。一般认为，扎西会议是遵义会议的补充及完结，遵义会议解决了军事路线问题，扎西会议解决了政治路线问题，但并未确定中央红军最终的走向，三元宫会议做出了"西进北上，迅速抢渡金沙江，到川西建立苏区的重大战略决策"。② 此时，西有滇军，北有川军，南有黔军，

---

① 中共曲靖市委党史研究室．曲靖市革命遗址通览［M］．昆明：云南人民出版社，2012.

② 曲靖市修复革命遗址"三元宫"领导小组．红军长征过曲靖［M］．内部资料，2005.

东有蒋介石二十万中央军，红军四面受敌。但无论是四川的刘湘、贵州的王家烈，还是云南的龙云，他们既害怕红军入境，更担心蒋介石借消灭红军之名，行剪除异己之实。尤其是红军再占遵义后，蒋介石下令撤销贵州省主席王家烈本兼各职，愈发加重了龙云等人的恐慌。因此，某种程度上讲，川黔滇地方军阀围追堵截红军，与其说针对红军，倒不如说为了防范蒋介石及其中央军。

1935 年 4 月下旬，毛泽东、周恩来、朱德、张闻天、王稼祥、博古等率领的中央红军 3 万余人从贵州的兴义进入曲靖市，途经富源、沾益、麒麟、马龙、宣威、会泽，历时 20 天，行程 1200 多里，攻克了马龙、宣威、会泽县城，于 5 月上旬巧渡金沙江，取得长征以来战略转移中具有决定性的胜利。中央红军中的红九军团是长征前夕成立的，由昭通彝良人罗炳辉任军团长，主要承担断后牵制敌人、掩护中央红军主力转移的任务，这支部队不是主力的主力，打着主力红军的旗帜声东击西、迷惑敌人，被周恩来誉为"战略轻骑兵"。1935 年 4 月 27 日，红九军团占领宣威县城，5 月 2 日途经会泽，攻克县城后，受到老百姓的热烈拥护与积极支持，两天时间，筹款 10 万余银圆，1500 多名群众踊跃报名参军，会泽水城村因此成为红军长征途中扩红最多的地方之一。1936 年 3 月下旬，贺龙、任弼时、关向应、萧克、王震等率领的红二、六军团共 1.7 万余人从贵州的威宁、盘县先后两次进入曲靖市，途经宣威、富源、沾益、麒麟、马龙，历时 21 天，行程 1300 多里。3 月 23 日，在宣威来宾铺虎头山与滇军、黔军、国民党中央军展开激战，史称"虎头山战役"，双方参战人员多达数万之众，是红军过云南时最大、最惨烈的战役，也是红二、六军团威名远播，令敌军闻风丧胆的战役，300 余位红军指战员壮烈牺牲。"面对数倍于红军的敌人，红军官兵们英勇顽强，主动出击，反复冲杀，给予敌人以迎头重创，毙俘敌军近千人，缴获各种枪支 400 多支（挺）"。①

  云南和贵州属地形地貌复杂险峻、气候瞬息多变的高原山区，行军打仗如果没有军用地图就犹如盲人摸象。红军长征最大的问题就是没有军用地图。萧克率领的红六军团，作为中央红军先遣部队进入贵州后，本意是探路，但苦于找不到军用地图，行军打仗使用的是民间绘图和地理教科书地图，既不准确，又没有详细的地名和等高线，与实际情况偏差很大，拿着这样的地图，让探路的红六军团屡遭挫折、吃尽苦头。后来，在贵州黔东南旧州的一座法国教堂找到一张川黔滇地图，但地图所有标注都是法文，红军部队中没人能看懂，无奈之下，只好把教堂里的传教士勃沙特（瑞士籍英国人）强行"请走"，为行军提供翻译。勃沙特也因此成为继李德（德国人）、武亭（朝鲜人）、洪水（越南人）之后，第四位参与红军长征的外国人。勃沙特的中文名叫薄复礼，他在红军中生活了 18 个月。一开始并不愿意跟随红军并为红军翻译地图的勃沙特，1936 年离开红军后，有感于红军严明的纪律，顽强的作风，昂扬的斗志，体恤穷苦的品格，摈弃前嫌，积极撰文向外界赞誉红军并出版跟随红军长征的书籍《长征目击记》（又名《抑制的手》或《神灵之手》）。这本早于斯诺《红星照耀中国》的回忆录，最早向国际社会宣扬中国工农红军的精神面貌、理想信念、英勇事迹以及博大胸怀、舍生取义、服务人民之崇高形象。

  时任国民党云南省主席兼滇黔绥靖公署主任龙云认为：云南地处边陲，回旋余地有限，很容易遭围歼，红军不可能在滇长期驻足，主张以静制动，尽量避免与红军的正面战役，红军未进入云南之前，应尽最大努力去防堵，若进入了云南，就追而不堵，将红军尽快赶出滇境为上上之策。

---

① 中共宣威县委史志委员会. 红军长征过宣威 [M]. 昆明：云南人民出版社，1993.

　　长江在云南境内称金沙江,进入四川后才称长江。当时,中央红军进入川黔地区之后有两个选择:一是到湘西与贺龙、萧克领导的红二、红六军团会合;二是到川西北与张国焘、徐向前领导的红四方面军会师。遵义会议后,红军进攻贵州土城,目的就是北渡长江,进入四川,但土城战役失利,于是才有了后来的扎西会议。

　　中央红军四渡赤水后,甩开了蒋介石的中央军,于1935年2月28日再占遵义,接下来虚晃一枪,3月29日突然南渡乌江,兵逼贵阳,把在贵阳督战的蒋介石吓得不轻,急令滇军主力孙渡率部火速驰援,滇军东进,敞开了云南东大门,4月23日,中央红军从贵州兴义进入云南富源,分三路西进。4月27日下午,先遣部队推进至离曲靖西山三元宫约2里的下关村面店坡时,意外截获龙云派往贵州给前敌总指挥薛岳(蒋介石嫡系中央军)送军事物资的轿车、卡车各一辆,抓获5人,其中一人是薛岳的副官,缴获十万分之一比例云南军用地图20余份以及云南白药1000包加400瓶和宣威火腿、普洱名茶等物品。中革军委领导们得到消息之后喜出望外,风趣幽默地谈笑:"当年刘备入川是张松献地图,如今我们入境,有龙云送地图!"当天,红军总部宿营三元宫。在此,朱德总司令先后向一、三、五军团首长发出电文《我野战司令部已抵曲靖西宿营》《关于各军团二十八日行动部署》。当晚,中共中央和中革军委在三元宫召开联席会议,参加会议的有:毛泽东、周恩来、朱德、张闻天、王稼祥、博古、陈云、李富春等中央领导;列席会议的有:中革军委第二局(情报局)局长曾希圣和中革军委纵队作战科参谋孔石泉、王辉、吕黎平。

　　曲靖三元宫会议,是中共中央、中革军委继遵义会议、扎西会议之后,在长征途中召开的又一次重要会议。会议认真分析了中央红军面临的形势及敌我斗争的严峻情况,采纳了红一、三军团首长建议,决定放

曲靖三元宫会议蜡像

弃原定在滇东的不利决战和回黔开辟局面的战略方针，重新做出"西进北上，迅速抢渡金沙江，到川西建立苏区"的重大决定，从而使红一方面军及时摆脱"沾益不能克、曲靖打不下"的平坝地区无险可守、难以回旋之处境，对保存红军有生力量，实行战略转移，具有决定性意义。会议上，毛泽东认为："第一，从遵义会议以后，我军机动作战，已把蒋介石的尾追部队甩在侧后，现在取得了西进北渡金沙江的最有利时机。但同时，蒋介石在贵阳正调集近七十个团的兵力向我尾追。其中，万耀煌的第十三师距离我后卫部队——五军团只有两三天的行程。不过，金沙江两岸目前尚无敌军正规部队防守，比较空虚，对我们有利。第二，从进入云南境内的地形条件，特别是从今天缴获的地图上看，昆明东北地区是一块比较大的平原，不像湖南、贵州两省有良好的山区可以利用。我军现在不宜在平川地带同敌人进行大的战斗。"①

4月27日曲靖面店坡缴获地图之后，28日，中共中央、中革军委发布《关于消灭沾益、曲靖、白水之敌的指示》，29日，发布《关于我

---

① 杨茂东. 长征：英雄集团的传奇［M］. 广州：广州出版社，1997.

军速渡金沙江在川西建立苏区的指示》，30 日，林彪率红一军团突然挺进至昆明大板桥，摆出兵临城下，直取昆明的架势，逼迫蒋介石急令孙渡第三纵队回援昆明，从而为红军北渡金沙江敞开了大门。5 月 2 日、5 月 6 日，中央红军和红九军团分别从禄劝的皎平渡口和东川的树桔渡口，顺利渡过金沙江，摆脱了蒋介石数十万大军的围追堵截，"取得了长征以来战略转移中具有决定性的胜利"。①

曲靖三元宫旧貌

需要着重强调的是：遵义会议和稍后召开的扎西会议，都没有确定中央红军的战略转移方向，而是到了曲靖三元宫会议，最终才确定"西进北渡，到川西去开辟苏区"的伟大抉择。

关于"龙云献图"之说，当事人已作古，文献记载模糊，但戏剧般的情节，让这段史实，被当地人在茶余饭后作为趣闻，津津有味地反复聊起。

周恩来当时的警卫员魏国禄撰写的《随周副主席长征》这样记述：

① 中共云南省委党史资料征集委员会. 红军长征过云南［M］. 昆明：云南民族出版社，1986.

曲靖三元宫新貌

"1935年4月27日，曲靖地区风和日丽……从昆明方向开来了两部汽车，速度甚快，当汽车发现似乎有埋伏而想往回逃走时，红军开了枪，截住了两辆汽车。一个军官模样的人从车上跳下来……经过审讯，这个军官是薛岳的副官，是薛岳派往龙云处索取云南军用地图的。"

　　曾先后担任龙云、卢汉秘书的左联作家马子华的著作《一个幕僚眼中的云南王》的说法又截然不同："龙云亲口告诉他（马子华），一天黄昏，有个人来到公馆门口，向门卫说要见龙主席，有紧急军情报告。副官看他来得蹊跷，因是军情，不敢不报告。我（龙云）听后，问是怎么一个人？什么打扮？副官说，戴个篾斗笠，穿蓝布对襟衣裳和一条青布短裤，脚上穿双麻耳草鞋，看上去像乡下人，说云南迤东口音。我想了下，叫副官喊这人进来，但先摸摸身上有没有武器。隔了一阵，副官把这人带来。我一看，是个年约30来岁的小个子青年，清瘦短小，虽然脸色不正，但眼光有神。一见面，他向我鞠躬行礼。我问：你从哪里来？他答：从威宁。哪个派你来的？他不答应，向左右看看。我知道其意，叫旁边的人离开，这小伙子使劲把棉衣的夹里子撕开，取出一封牛皮纸封着的信。我拆开一看，原来是老朋友、红军指挥员罗炳辉的信。信上说：这次红军长征，目的是北上抗日，并不想攻城夺寨，占据城池，骚扰地方人民。现在路过云南，也无意来昆明，叫我尽管放心，希望我的军队不要截堵打仗，让红军经过一些州县渡过金沙江去，并希望我拖住蒋军的后腿，不要让他们尾追红军。看了此信，我非常放心和高兴，就对来人说：你回去报告，我一定照办，不回信了，免得查出来。然后我问他吃过饭没有？他说吃过了。我叫太太拿出500块钱给了他，他接着就走了。随即，我又把他喊回来交代：万一碰着盘查的，就说是昭通来的，见龙主席，不信去问好了，他们就会放你走。那人鞠个躬就走了。这人走后，我又写了封信派人送给孙渡，再次嘱咐他不准与红军交锋，尾追送客就行，不必截堵。同时，我准备一卡车药品和土特产交给他，叫他相机送予红军。"

龙云最关心的是自己"云南王"的地位。因此，只要红军不赖在云南，让蒋介石有借口将中央军开进云南，其他的都属小事。而红军当时提出的口号是：拖死中央军，吓死川黔军，血战滇军。如果真的要与红军血战到底，王家烈就是前车之鉴，无论如何，龙云肯定不想重蹈王家烈覆辙。为此，既要防范红军，更要担心蒋军染指云南，在这种心理驱使下，龙云不惜主动向红军献上急需的军用地图和药品，或者说与红军演一出双簧，让红军尽早离开云南，也不是没有可能。时任由滇军组成的第三纵队总指挥的孙渡在其回忆文章《滇军入黔防堵红军长征亲历记》中强调："中央红军及第二年途经云南的贺龙第二方面军，其实是被我们'礼送出滇'的。"

负责押运物资的押运员赵汝成在《关于"龙云献地图"》一文中回忆："1935年4月26日接到单位通知，要他次日早到昆明巡津街都兰酒店，找中央军薛岳部队的李副官报到并接受任务。4月27日，天气晴朗，早上七点半钟，他们带着两辆车由护国路汽车管理营业部出发，一辆是准备给李副官坐的小轿车，驾驶员是杨鹏，另一辆是雪佛兰牌卡车，驾驶员是钱载，助手李福、押运员赵汝成坐在车上。他们到都兰酒店找到了李副官，李是外省人，虽穿军服，却未戴领章、胸章，他们不知道他是什么官阶。他叫他们从他的住房搬出几捆用玻璃纸密封的圆筒，摆上卡车。之后，他坐上小车，领着卡车来到金碧路曲焕章大药房，由早已等候在那里的搬运人员往车上装了几十箱'百宝丹'（云南白药）。约九时许，小车在前，卡车在后，从昆明城往滇东公路驶去。李副官交代，此行目的是沾益。午饭后，继续行车，卡车在前，小车在后。一路平静，不久，汽车爬坡，又下坡驶入一条狭长的路段。突然，在驶出弯道口处，公路道心横挡着两棵被砍倒的大树干，他们赶紧停下车。一瞬间，响起了清脆的枪声。片刻之后，枪声停止，两旁传来很多脚步声。在他们面前出现了不少戴五星帽的红军战士。红军战士对他们几个工人和蔼地说：我们是工农红军，不要害怕，不会伤害你们。李副官被几个红军战士五花大绑地押走了。他们几个受到红军的热情接待，次日红军发给他们每人5元大洋做旅费，放他们回家。这就是'献图'的过程，不过当时他们并不知道密封圆筒中装了什么，后来才听说是军用地图。"

曲靖西山下关村面店坡是滇黔公路必经之地，那么龙云究竟是通过什么渠道，将载有军用地图的汽车经过的具体时间透露给红军的呢？比较集中的说法有两种：一是龙云通过时任滇黔绥靖公署稽查大队大队长张永年秘密派人通知红军的（龙云是蒋介石委任的滇黔绥靖公署主任）；二是那位未佩戴领章、胸章的薛岳的李副官，极有可能是打入薛部的中共地下党员卢志英，卢系当时中共特科成员（见谢本书所著

《龙云传》）。这也是当天一行人午饭后，本来行驶在前面的轿车，为什么换到卡车之后的原因；此外，为避免身份暴露，还故意将李副官夸张地捆绑起来，目的就是要让其他人注意到。尤其令人费解的还有：原定的用飞机派送，却因出发头晚，飞机驾驶员突然生病，临时决定改用汽车运输。

曲靖西山红军战斗遗址纪念碑

龙云较之其他军阀，思想进步，且与中共素有往来。1937 年 8 月 8 日，龙云乘包机飞赴南京参加国防会议，途经西安时，国民党陕西省主席蒋鼎文到机场迎接龙云并问："有老友在此，欲想见否？"当得知蒋鼎文说的"老友"是周恩来、朱德和叶剑英时，龙云兴奋地说："见，当然要见，周公鄙人仰慕已久，朱将军和叶将军是鄙人云南讲武堂前后同学，哪有不见之理？"

龙云不但会见了周恩来、朱德、叶剑英，而且还邀请他们搭乘自己的包机飞往南京，并在南京与朱德等人彻夜长谈，互留密码本，与延安建立无线电联系。抗战期间的昆明，曾被誉为"民主堡垒"不是没有原因的。1945 年龙云被蒋介石软禁，直至 1948 年 12 月才在陈纳德等人的帮助下逃到香港，并加入民革；在香港期间，龙云竭力策动云南和平起义。1949 年 12 月 9 日，卢汉率领全省军政人员，在昆明通电全国，宣布云南和平解放。

曲靖西山红军烈士纪念碑

中华人民共和国成立后，龙云先后担任西南军政委员会副主席、国防委员会副主席、政协常委等职。1957 年被错划为"右派"，1962 年因病去世，1980 年改正恢复名誉，1984 年在其 100 周年诞辰纪念会上，时任中共中央政治局委员、中央书记处书记的习仲勋高度评价了他的一生："龙云先生是一位著名的民主人士和爱国将领，是中国国民党革命委员会的领导人，他同中国共产党有多年合作的历史，是我们党的一位真诚的朋友，他对人民的事业有过重要贡献。他的一生，是一个光荣的爱国者的一生！"周恩来总理对龙云一生也给予高度评价："第一，对中国民主革命有贡献；第二，反对蒋介石个人独裁，有功；第三，在整个抗日战争中，坚决支持，直至胜利，有功；第四，在那波谲云诡的时代，主政云南殊为不易，而促进云南稳定发展，始终以国家大局为重，则不仅需要勇气，更离不开智慧"。

"龙云献图"是巧合还是故意，众说纷纭，很难考证。有人说，是毛泽东神机妙算，深谋远虑，料到这趟车必经此地；有人说，是天助红军，神的旨意。较为合理的推断是：当时虽然滇军装备精良（武器多是西洋进口），训练有素，战斗力强，但龙云害怕红军滞留在滇，让蒋介石有借口将中央军调驻云南，影响其对云南的掌控，动摇他"云南王"的地位，所以，不排除龙云与中央红军的里应外合。

历史已然远去，但长征精神永存。这种精神财富，将一代又一代地不断传承下去。

# 盘点曲靖老城已经消失的珍贵古建

曾经让曲靖人引以为傲的古代建筑，随时光流逝，消失殆尽，除了史籍留下记载，现今只剩遗址没有遗物，这也是曲靖申报不了"历史文化名城"的硬伤。关于那些消失的文物古建，扼要盘点如下：

## 一、四个城门楼及城墙

清康熙《南宁县志·卷三·建置》记载："曲靖府城，明洪武二十年建，甃以砖石。周六里三分，高三丈，厚如之。雉堞高一丈，堞口一千六百三十零。楼四座：东乐耕，南来薰，西胜峰，北迎恩。角楼在四隅，更增临漪、眺京二楼于迎恩左右。设钟鼓楼于城中。"就是说，曲靖府城，始建于明朝洪武二十年（1387年），城墙为砖石砌筑，周长3000余米，城墙高9.9米，厚9.9米，城墙上用以掩护的锯齿状垛墙3米多高，共有1630个垛口。城门楼四座：东城门叫乐耕门（今市第一幼儿园东门街大门前）、南城门叫来薰门（今南城门西侧与南门街口交叉处，南门河为护城河，南门桥是随城而建的三孔石拱桥）、西城门叫胜峰门（今西门街口市药检所与市妇幼医院之间）、北城门叫迎恩门（今国风影剧院与市财政局之间，康桥河及其沼泽地为护城河，康桥是随城而建的两孔石拱桥）。在城墙的四角，分别建有角楼，还在迎恩城门楼东西两侧的城墙上增加两座敌楼（瞭望楼）：左侧叫临漪楼，右侧叫眺京楼。并在府城的中心建有钟鼓楼。曲靖老城的城门楼是木结构的飞檐式双重楼，也称"阁"：东门称太阳阁，阁上悬"平瀚滇云"匾，南门称纯阳阁（吕祖阁），阁上悬"文明丽政"匾，西门称太阴阁（夕阳阁），阁上悬"胜峰起秀"匾，北门称都天阁，阁上悬"恩迳神枢"匾。清咸丰《南宁县志·卷二·建置》记载："明末沙定州、孙可望部先后焚烧。本朝康熙二年，总督卞三元、巡抚袁懋功、分巡道赵廷标、知府李率祖、知县程封重修三城楼，乐耕焚烧无存，补建之。新建瓮城箭楼四。其四隅角楼及临漪、眺京二楼皆废。"因为东、南、西、北四个城门错落不对开，于是在老城中心地带交错形成七个商业区，城内主要大街因无十字交叉，自然形成八条丁字街，纵横相交的十八个小巷反而形成了许多十字路，所以史籍记载"四门错落不对开，巧布八条丁字街，九对巷道十字路"，其独特结构，在中国古代城市建设中具有典型代表性。

钟鼓楼，也称谯楼，是老城内著名登临胜地，原为东门城楼，明末被焚毁，清康熙年间重建东门城楼时往东南作了延伸，将原东门城楼改为钟鼓楼，民间称之"鼓楼硐"，位置在东门街原彩印厂大门的北面，横跨鼓楼街。"谯楼夜市"是当年著名景观之一，明代第一才子杨状元（杨慎，号升庵）曾题联："何须密迩尧天，尽是康衢乐国"，感叹鼓楼街夜市之灯火辉煌、热闹繁华。清乾隆年间，钟鼓楼被毁后改建为文昌阁。

城墙的内里是夯土，外面以砖石包砌。城墙的走向及位置：东城墙，北起今曲靖第一中学北大门往东南转向今潇湘路口（东南段明朝建城时为缺角设计，即东门街下段至东关街口的南面含整个东城巷片区为缺角，清咸丰年间新建东城门南移至市第一幼儿园东门街大门口，缺角被补齐），东城墙已无任何痕迹；南城墙，东起原火柴厂（"三步两道桥"南面），西达今靖和桥北端至西北转角处，至今遗留南城墙西段部分夯土基础，城墙砖已毁；西城墙，南起今靖和桥北端朝西北转角处到西门街口至市直机关干休所西北转角处，至今遗留西城墙南段部分夯土基础，城墙砖已毁；北城墙，西起市直机关干休所西北转角处，向东直达曲靖市第一中学东南转角处，北城墙西段至今有百余米较完整的古城墙残留。

## 二、五个私家宅院

### 1. 杨家花园

其代表人物杨本昌，即曲靖"杨半城"。杨本昌清乾隆五十三年（1788 年）乡试中举，清嘉庆四年（1799 年）进士及第，官终两淮盐运使。杨本昌告老还乡回到曲靖后，花巨资在西门街购下一片地，仿照两江总督府的设计，建盖私邸，取名"忠义第"，民间誉之"杨家花园"（现城关小学、市第三幼儿园一带）。按史书描述，其建筑面积和规模不亚于建水"朱家花园"，可惜荡然无存了。道光十一年（1831年），杨本昌去世，享年 76 岁。道光十六年（1836 年），杨本昌被官府以隆重仪式祀为乡贤。

### 2. 陈家花园

其代表人物陈子贞，出身中医世家，从小随父习医识药。光绪二十九年（1903 年），治好云南巡抚林绍年久治不愈的中风，经林绍年举荐，执教云南医学堂，为云南培养了大批中医药人才，史载："三迤名医，皆出其门"。时人把陈子贞编著的《医学正旨择要》与兰止庵编著的《滇南本草》并列一起，认为："云南医学首推陈子贞，药学首推兰止庵"。民国十七年（1928 年），陈子贞病逝于曲靖，享年 79 岁。其故居位于南门街原曲靖卫校片区，民间誉之"陈家花园"，可惜荡然无存了。

3. 孙家公馆

其代表人物孙光庭，清光绪八年（1882年）乡试中举，曾任曲阳书院山长。光绪十六年（1890年），云南巡抚张凯嵩举荐入翰林院任内阁中书，并将女儿许配予他。光绪二十七年（1901年）云南巡抚林绍年聘他为育才书院山长，光绪二十九年（1903年），育才书院改为云南高等学堂，兼理全省学务，孙光庭任副总办，光绪三十年（1904年），任留日学生监督，在日本期间结识孙中山，加入同盟会，光绪三十二年（1906年），被云贵总督李经羲委任为云南学务副总办，宣统三年（1911年），被推选为云南民政司副司长。中华民国成立后，当选国会参议院议员。袁世凯复辟帝制，孙光庭公开致书劝袁退位。民国十三年（1924年），以国会议员身份在上海《申报》撰文揭露曹锟贿选总统，名动全国。民国十六年（1927年）回滇被选为省政府委员，后改任省政府顾问。民国三十二年（1943年）病逝于曲靖，终年80岁，其故居位于瑞文街（现酒行街"东亿电器公司"），民间誉之"孙家公馆"，可惜荡然无存了。

4. 朱家大院

其代表人物朱家民，明万历三十四年（1606年）举人，官终从一品贵州左布政使，《明史·卷二四九》为其立传。《清一统志·卷四八四·曲靖府·人物》记载："朱家民，字同人，南宁人。万历举人。历任涪州（今重庆涪陵）知州、贵阳知府。著能声，擢贵州监军道。剿安贼之乱，建城十七座，更建盘江铁索桥。以剿贼功，特晋一品服，诰封三代，荫一子，世袭指挥使。归田后，置田郡中，为士子科举之费。又置万卷楼，使合郡士诵其中。"朱家民去世后，当地官府以隆重仪式祀为乡贤，其故居位于市财政局斜对面，现工商银行城关支行一带，民间誉之"朱家大院"，可惜荡然无存了。咸丰《南宁县志·卷二·建置》记载：清顺治十八年其老宅被改建为南宁县典史署。朱家民离乡做官之前，曾在县城西北处（今珠江源广场西北）兴建靖阳书院，这座书院虽然在历史长河中荡然无存，但留下书院路与靖阳楼，常常勾起曲靖人的思古情怀。

5. 孙瑴故居

孙瑴（1666—约1750年），字蕴石，号耕坞，晚年自号鹤髯老人，世人皆称孙髯翁，清代著名书画家、篆刻家、学问家，著名的"石城（曲靖）隐士""滇中七子"之一。当时（同时代），云南有两个孙髯翁：一个是曲靖孙髯翁，另一个是昆明孙髯翁（大观楼长联作者）。曲靖孙髯翁的书画、篆刻名气很大，草书堪称一绝，若能求得一幅他的字画悬挂家中，是件了不起的荣耀。富源胜境关古驿道旁清风亭内，有一块高1.84米的石碑保存至今，"鬻琴碑"三个大字为孙瑴书写，另有30字的楹联刻于界坊立柱上。其故居位于今天的打油巷23号，虽然已破败朽落，但仍可窥见往昔痕迹，期待有识之士和有关部门，修缮保护。

## 二、"三寺、八庙、九阁"

### 1. 三寺

天王寺，位置在老城的西北角，今市直机关干休所与市检察院住宅区之间，20世纪50年代被改建为面条厂。山门两旁塑有四大天王像，正殿塑有释迦牟尼像，左右塑有十八罗汉像，背面塑有观音菩萨像。每年农历四月初八举办道场，张灯结彩，搭台唱戏，普济众生。

土主寺，位置在西门街下段（原土主街）18至20号，正殿塑有土主神像。明末清初，家住西门街的一位地保（类似现在的村长或社区负责人）为挽救街坊邻居免遭大西军涂炭，因"泄密事件"被攻陷曲靖城的孙可望部残酷杀害，为缅怀其功德，老城居民自发捐资在其住址建成土主寺，尊之为土主，永世供奉，香火不断。

观音寺，位置在老城的城后街（东门街市第一小学斜对面）下段，有前后两个殿，正殿塑有观音菩萨像。一直保留到 90 年代初期才被彻底拆除。

2. 八庙

财神庙，位置在今市委机关驻地，庙门朝南在西门街，其建筑风格独特，各种塑像雕刻彩绘，金碧辉煌。庙内有戏台，每年农历正月初五和农历七月二十日举办财神会，热闹喜庆。夜幕降临之时，人们成群结队将纸糊彩船送入南门河（潇湘河）。50 年代被拆除。

城隍庙，位置在今文昌街公安局院内与农行城关支行一带，庙门朝东在北门街。属老城香火最旺的寺庙之一。正殿塑有城隍菩萨，左右两侧为十大阎罗，其余各殿多是奇形怪状的小鬼夜叉，以各种酷刑姿态，惩治在阳世作恶多端的鬼魂，譬如：丢到刀山、抛入火海；造谣诬陷好人的，割去舌头；颠倒黑白坑人的，挖去眼珠；阴险毒辣坏事做绝的，割去心肝。民国年间被拆除，改建为民国曲靖专署用地。

诸葛庙，位置在今诸葛巷原城关镇职工住宅一带，建筑风格自低而高，四台三殿，后殿最高，为诸葛亮塑像，还曾供奉过明朝征南大将军傅友德。当年，诸葛亮南征降服孟获班师回蜀前，曾刻"消兵留碣碑"镶嵌于正殿墙壁，据说"消兵留碣"四个大字为诸葛亮亲书。清代，"爨宝子碑"由邓尔恒自越州搬回后曾存放于此。

二郎庙，位置在天池公园医药公司住宅区川主巷内，又名川主宫（建于清朝早期，后被用作四川会馆）。正殿塑有川主（战国末期的李冰父子像），庙内有个大戏台。50年代被改建为向阳小学。

火神庙，位置在老城东南，原火柴厂内。每年农历正月初七火神节，举办隆重的火神会，城内城外扶老携幼赶往火神庙，看滇剧吃七宝羹，祈盼来年平安吉祥，无灾无难。

东岳庙，位置在东门街医药公司住宅区内，属道教文化特色的庙宇，占地规模较大，正殿塑有东岳大帝，东西两侧各有一组回廊，塑有72尊神像（代表东岳大帝掌管下的地狱72司），塑像造型生动，形神兼备。毁于50年代。

娘娘庙，位置在东门街市第一幼儿园住宅区内，正殿塑有送子娘娘，婚后长年不育的夫妇，来此许愿求子。庙内建有灯楼，每年农历正月十六，灯楼挂满各种彩灯。晚饭后，各家各户扶老携幼，来娘娘庙观赏灯火，是老城一年四季香火最旺的寺庙。毁于民国，后改建为国民党县党部办公驻地，中华人民共和国建立后为城关镇的第一个办公驻地。

马王庙，位置在市第一中学校园内东北角，正殿塑有马王爷像，另有厢房五处。每年农历六月二十三日，举办马神会，祭祀马神并祈求护佑。马王庙也是明清两代办理"马证"的衙门（相当于交通运输局），并设有驿站。庙旁有一个大水塘，人们呼之为马王庙塘子。

3. 九阁

曲靖四个城门之上的四座城楼，东城楼称太阳阁，南城楼称纯阳阁（吕祖阁），西城楼称太阴阁（夕阳阁），北城楼称都天阁。四城门楼阁之外，老城西南有张仙阁，为全城最高点（位置在天池公园附近），老城东南有魁阁（东门街水闸口下段原火柴厂内），阁下有荷花塘，呼之为魁阁塘子，池塘旁的石壁上镌刻着知府宋湘书写的"飞霞流丹"。"段氏与三十七部会盟碑"曾存放于此。文昌阁，位置在东门街彩印厂大门北面，塑有文昌帝君神像。北玉阁，位置在诸葛巷城关镇住宅区东侧。斗阁，位于东门街市第一小学校园内。

**四、四个牌坊及其他**

1. "荣封三世牌坊"

清咸丰《南宁县志·卷二·建置·坊表》记载："荣封三世坊，在城北关，明贵州布政使朱家民建。"朱家民曾被明朝崇祯皇帝诰封三代，故立此石牌坊，为四柱三门三层，位置在今天的麒麟南路环形天桥一带。1938年，因修路妨碍交通被拆除。

2. 两座"节孝牌坊"

1915年，时任虎门要塞中将司令官的土主街人赵樾，出资雇人在今天的麒麟南路环形天桥以南，为其父亲立了一座"义夫坊"，为四柱三门三层。随后又在今天的西门街口与西关街口之间，为其母亲立了一座"节孝坊"，为四柱三间三楼。1966年，两座石牌坊都在"破四旧"时被拆除。

3. "李氏牌坊"

民国年间，老城居民李氏兄弟出资新建，位置在原地区丝绸厂大门前，竖立时间在"节孝牌坊"之后，规格也是四柱三门三层，只是门柱两面没有人像动物雕刻，但也显得朴实、坚固、高大。

4. 其他古建

曲靖文庙：位置在东门街原彩印厂片区，也称孔庙，老城内占地面积与建筑规模最大，也是最辉煌的一组建筑群。史书记载，当时的文庙"坐北朝南，天马峙其右，东山列屏如帐，湘水潆洄，收分秦下沙之逆。堂居宽大，气象万千，真圣人居也"。落成后，几乎每任地方官都修葺扩建，到了康熙年间，仅天子台下面东西两侧的庑殿就达28间，里面书籍、祭器、乐器、冠服应有尽有，庭院植有桂、柏、茶及各种名花异草。整个建筑群以中轴线为主，依次递进为：门楼、照壁、泮池、棂星门、大成门、启圣祠、大成殿、崇圣祠及牌坊、碑林、天子台、后殿、七十二贤等。70 年代尚存泮池、棂星门、大成殿、崇圣祠。80 年代还保存有大成殿与崇圣祠，1995 年唯一剩下的大成殿在旧城改造中被拆除（大成殿有 56 根楠木大柱支撑，四周回廊，屋檐下悬挂着自清代康熙皇帝御笔"万世师表"至光绪皇帝御笔"斯文在兹"等 9 块巨匾）。

曲靖文昌宫：位置在文昌街南面原市委党校片区，也称文昌学宫，是清代曲靖规模与影响最大的官办书院，即讲学和读书的学堂。在古代，文昌宫是庙学合一的地方，既是祭拜文昌神的宫殿，同时也是教学、教化的场所。大门朝向文昌街，文昌街由此得名。

曲靖贡院及学政考棚：即"考场"，民间称"考棚"，国家选拔人才的场所。科举时代，曲靖辖区各县的读书人通过本县县试后，到曲靖贡院参加府试和院试，中试者（即秀才）到省城参加乡试，考中者（即举人）再到京城参加会试和殿试。位置在原市农业局与市委党校之间，曾为民国时期乐群小学所在地，大门朝向学院街，学院街由此得名。因曲靖考生多，考场不够用，同治六年（1867 年），云南布政使岑毓英重修曲阳书院后，增设为考棚（今城关小学一带）。皆荡然无存了。四个书院：清咸丰《南宁县志·卷二·公署》记载："靖阳书院，在城外西北（麒麟公园一带），明邑人布政使朱家民建，久废。兴古书院，在城东关外报恩寺右（原地区粮干校一带），明天启间，邑人、吏部主事李希揆建。"清康熙三年（1664 年），南宁知县程封建南城书院，位置在城南正法寺内（寥廓山圆通寺）。曲阳书院（胜峰书院），位置在今城关小学一带，乾隆三十年（1765 年），知府暴煜率乡绅公建，题名"曲阳"，至光绪二年（1876 年），知府吴其祯率乡绅重修，改名

"胜峰"，一直是曲靖的府属书院，经历代官府不断修葺增建，颇具规模，光绪二十八年（1902年）改为二级学堂，存在两百余年。赵樾故居：赵樾，字晋侯，生于清同治九年（1870年），卒于民国十二年（1923年），享年53岁。民国初年振武军第三军中将军长，后改任虎门要塞司令官。曾率部响应武昌起义参加革命，在讨袁护法中义救过爱国志士梁启超，后在军阀混战中退出军界移居苏州。赵樾虽远在他乡但心系曲靖，两大善举令乡老难忘：一是1918年捐银18000两建宣威可渡桥；二是1919年曲靖大旱，赵樾派人购买40000斤豆麦赈济家乡灾民。赵樾故居，位于西门街32号。

此外，还有位于市第三幼儿园内的昭忠祠，塑有岳飞像；位于东岳庙西侧（东门街医药公司住宅区）的景佑宫；位于市第一小学内的江西庙（江西会馆）；位于原彩印厂东侧住宅区的小红庙（文庙启圣祠）；位于新道巷的清真古寺，属老城现存的唯一古寺；位于东关街口（原地区粮食局车队一带）的东山寺（也称报恩寺）、华严庵；位于原南关小学的三元宫；位于西关的报国寺、关圣宫；现存并经过修缮的圆通寺；寥廓山新寺沟的新寺（也称金栗庵）；北关的忠烈寺、玄坛庙等。

当然，历代的各级官署建筑，也是最具代表性的重要建筑，譬如：曲靖卫、府、县衙门及云贵总督府、中军都司署、兵备道（迤东道）署、通判署、典史署等。此外，老城及周边（不含偏远的乡村）还有大量的楼台、亭阁、宫祠、寺庵、坛庙等建筑。《曲靖军民府六属公立府治碑》记载："曲靖，滇南首郡也。自汉开疆，千百年来，期间人物之盛，城郭宫室之巨丽，见之昔者，靡不厘然可观。"在此，就不具体阐述。

附：《清代南宁县方志校注》（云南人民出版社 2014 年 11 月第 1 版第 106 页之名胜附）记载的"曲靖古八景"：

三峰耸翠，即翠峰（翠山）、胜峰（寥廓山）、真峰（清风山）也。环城皆山，惟此三峰高出云表。

朗目晚照，每当日暮，山光树色，紫翠相映，光景万状，为石城（曲靖）第一。

石堡远眺，在城南，水光山色，皆收眼底，水口螺星，最宜封植。温泉春浴，在分秦山下，水沸如汤。

潇湘碧柳，即潇湘江两岸垂杨，含烟笼翠。

何屯桃霞，城北，春月桃花齐放，灿若绮霞。

东湖秋月，郡城东海（古称交海、东海子，今麒麟水乡一带，古时属云南第四大淡水湖泊），秋夜月明，金波荡漾。

北沼荷风，在城北门外，上、下二沼，荷花盛开，香风馥郁。

后人又补充了谯楼夜市、啸寺晚钟、凌霄天马等。

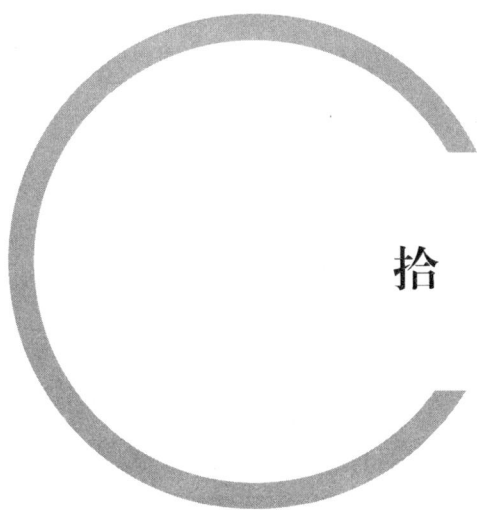

拾　遗

# 曲靖的历史地位与文化贡献

云南的历史与文化主体，抛开远古的史前文化时期，大致分为四个阶段：古滇文化时期（春秋至东汉）、爨文化时期（三国至唐朝中叶）、南诏大理文化时期（唐朝中叶至元朝初年）、汉文化主流时期（元朝初年至现在）。曲靖亦然。

在云贵高原中部，绵亘着气势磅礴的乌蒙山、梁王山，咆哮着奔腾不息的南盘江、牛栏江，两山两水之间，大大小小的"坝子"（高原平地）星罗棋布。这里，森林茂密，水草丰盛，气候温和，土地肥沃，适宜人类生存、耕作和繁衍。曲靖先民们在这块古老土地上过着安定的农耕生活。位于云南东部、南盘江流域、珠江源头的曲靖市，素有"滇黔锁钥""云南咽喉"之称，又有"滇东粮仓""滇东煤海"之属，还有"鱼的故乡""化石圣地"之名，距省城昆明130公里，有600多万人口，28904平方公里地区面积，是人类历史上开发最早的地方之一。

辖区内拥有丰富的自然生态资源、历史遗迹资源和民族文化资源。譬如沾益珠江源、罗平多依河、陆良彩色沙林、师宗菌子山、宣威尼珠河大峡谷等国家4A级风景区，沾益马雄山、富源十八连山等国家森林公园，会泽黑颈鹤、沾益海峰湿地等国家自然生态保护区，罗平古生物化石国家地质公园、世界最大油菜花海及富源、沾益喀斯特溶洞，麒麟水乡等自然生态资源；以古滇文化、夜郎文化、爨文化、三国文化、明清移民文化与农垦文化、古道文化、古战场古关隘文化、铜商文化、会馆文化、民族传统文化、红色文化、潦浒陶瓷文化等为代表的历史遗迹资源；彝族、回族、布依族、苗族、瑶族、水族、壮族等绚烂神奇的民族文化资源；会泽斑铜、罗平九龙玉以及多姿多彩的民族刺绣、扎染、编织、雕刻、书法、绘画、根艺、木艺、石艺、花卉等物质文化资源；宣威火腿、富源魔芋、罗平菜籽油、会泽黑山羊等特色农产品以及传承百年的"曲靖韭菜花"，曾被著名作家汪曾祺誉为"中国咸菜食品王国里的'神品'"。

因地处珠江之正源，珠江源赋予了曲靖世界唯一性的地理坐标知名度。曲靖是原始脊椎动物——古鱼类的发源地，人类活动出现较早的地方，中国古代农耕文明的摇篮之一。在中国乃至全球古生物学术界，"曲靖"都是一个响当当的名字，因为曲靖区域的古生物研究史，是一部活着的古生物史，当今世界已发现的绝大多数古生代鱼类，几乎都能在曲靖找到踪迹。譬如寥廓山岩层，是世界上最古老保存最完整的泥盆纪陆相岩层，蕴藏大量远古鱼类化石，为脊椎动物由水生向陆地演化提供了关键的化石证据。这些科研成果被写入国际通行的古脊椎动物教科书，得到国际学术界公认，成就了两位中国科学院院士：张弥曼、朱敏。2021 年 3 月，曲靖师范学院与中国科学院古脊椎动物与古人类研究所合作，在 2018 年 5 月成立的"自然历史文化研究中心"基础上，共同成立"古鱼王国博物院"，聘请"2018 年世界杰出女科学家奖"获得者张弥曼院士为名誉院长，中国科学院古脊椎动物与古人类研究所前所长朱敏院士为院长。研究证实：曲靖是全世界最著名的早泥盆世（距今约 4.19 亿年—4.07 亿年）脊椎动物化石宝库，是古脊椎动物学家特别是古鱼类学家开展野外科考的"圣地",在全球古生物学术界地位极高,代表了中国古生物学研究的历程。已发现的古鱼类化石种类,曲靖位居全国第一,堪比世界级自然与文化遗产,极其珍贵和稀有。"中国古生物学界伟大先驱"丁文江先生曾两次(1911 年、1914 年)到曲靖进行实地考察,掀开了曲靖古生物化石神秘的面纱,开启了我国古脊椎动物研究的新局面。1987 年、1992 年"国际古脊椎动物学术研讨会"先后两次在曲靖举行。曲靖古生物化石的发现及其科研成果,一次次震惊世界学术界,一次次揭示并告诉人类一个朴素的真理:要正确认识生命的起源,对大自然要心怀敬畏;要珍爱生命,维护生态平衡,与大自然及各种生物和谐共处。

生活在曲靖这块土地上的人们,历来能够较早吸收先进文明之成果。富源县大河癞石山旧石器遗址、宣威市格宜尖角洞新石器遗址、麒麟区珠街八塔台古墓群等处出土的大量文物证实,三十万年前曲靖就有古人类活动遗迹;麒麟区珠街扁窟坑出土的碳化稻,证明曲靖有三千多年水稻种植史;曲靖各县(区)出土的春秋至汉代的精美青铜器,说明曲靖有三千多年发达的文化积淀。考古证实:曲靖的文明进程,并不晚于中原地区,古代的曲靖并不蛮荒、并不落后。

抛开远古的史前文化时期,曲靖三千年历史可分四个阶段:1. 春秋至东汉(古滇时期);2. 三国至唐朝中叶(爨氏时期);3. 唐朝中叶至元朝初年(南诏大理时期);4. 元、明、清至现在(汉文化主流时期)。爨氏家族统辖云南四百余年(当时称"南中"),是中国历史上据地称雄时间最长、跨越朝代最多的家族之一。爨时代是曲靖历史上、也是云南历史上最辉煌最灿烂的一个时期!在云南文化发展史上,爨文化是继古滇文化之后崛起于南盘江流域的历史文化,属云南三大文化高峰之一,具有上承古滇文化、下启南诏大理文化的历史作用。

"二爨"即"二爨碑"——"爨宝子碑"和"爨龙颜碑"。"爨宝子碑",全称"晋故振威将军建宁太守爨府君之墓",俗称"小爨碑",立于东晋安帝义熙元年(公元405年);"爨龙颜碑",全称"宋故龙骧将军护镇蛮校尉宁州刺史邛都县侯爨使君之墓",俗称"大爨碑",立于南朝刘宋孝武帝大明二年(公元458年)。之所以分大小,是因为形制上的大小差别。国务院1961年公布的全国第一批重点保护文物,"二爨碑"皆在其中。天下名碑数不胜数,被列为国家级第一批重点保护的碑刻全国仅11块,曲靖占3块,极其少见,另一块是"段氏与三十七部会盟碑",俗称"会盟碑",建于北宋太祖开宝四年(971年),此碑开创了彝族与白族民族大团结的先河。发现"小爨碑"的是当时的曲靖知府邓尔恒,发现时间是1852年,发现地点是麒麟区越州镇杨旗田村;发现"大爨碑"的是当时的云贵总督阮元,发现时间是1827年,发现地点是陆良县马街镇薛官堡村。小爨碑被发现之前,被一户世代做豆腐的农家用作压制豆腐的工具,大爨碑被当地老百姓用来"掼谷子"。"二爨碑"被发现的过程以及之后的经历,似乎暗藏诸多天意,极富传奇色彩。

"二爨碑"名满海内外,是曲靖的骄傲,对"二爨碑"的欣赏,除了史学和文化价值外,主要表现在对其书法的推崇,多数研究者认为:爨氏时代,曲靖因距离中央政府太遥远,对中原日渐规范的楷体尚未完全了解与掌握,二爨碑正好记录了这种似隶书非隶书、似楷书非楷书的过渡书体。就历史角度讲,爨文化是东晋咸康五年即公元339年(晋王朝封爨琛为宁州刺史并承认其世袭地位)始,至唐朝天宝七年即公元748年(南诏灭爨)止,409年间爨氏家族统辖云南(当时称"南中")所造就的文明,这是爨文化狭义的概念(爨氏实际控制南中的起止时间,是从三国时蜀汉建兴三年即公元225年,经西晋、南北朝至唐朝天宝七年即公元 748 年，共计 523 年）；从源头上说，爨文化是中原汉文化占主导地位的外来文化与曲靖及周边原始民族本土文化长期大碰撞大融汇大杂交后开出的一朵独具特色的奇葩，即汉文化占主导地位的多元体复合型文化，这是爨文化广义的概念。

爨氏统辖云南期间，尽管中原处于两个多世纪数百年无休止战乱之中，但爨氏历代统治者皆忠君报国，自觉服从中央政府统治，言行皆以维护国家统一、多民族团结和稳定边疆为大局，从未出现割据称王或改元称帝现象，自始至终捍卫了国家完整和多民族融合，自始至终没有脱离中国历史发展的整体。东汉以来，中原长达数百年的动荡，中央政府根本无暇顾及"南中"（云南）。相反，"南中"战乱较少，社会稳定，经济发展，人民安居乐业，出现了"爨宝子碑"描述的"山岳吐金""物物得所""牛马被野""邑落相望"的繁荣景象。《新纂云南通志》记载，当时爨氏政权腹心区曲靖的经济与内地接近，"其地沃壤，多是汉人，既饶宝物，又多名马"；"爨龙颜碑"描述的是"独步南境，卓尔不群"（从这 8 个字，可以想象当时曲靖在全国的地位、形象和影响力，可以想象爨时代曲靖人的自信、豪迈与底气）。

一些研究者认为：爨氏腹心区曲靖被南诏占领后，一部分受汉文化影响较深的白蛮由于被强迫迁移，很大一部分和洱海地区的其他部族一起，逐步演变形成了今天的白族；留在当地山区保留本民族习俗较多的乌蛮，则保有自己的部落组织，逐步演变形成了今天的彝族。到了明清时期，文献提到的当时的"爨人"，大多已是指现在的彝族，而提到的"爨文"，也即是彝文了。

南诏灭爨后，迁徙到滇西的西爨白蛮，是当时云南先进经济文化的代表，虽然被迫西迁，但在客观上带去了先进的生产技术和发达的文化，并且与洱海区域的经济文化相交融，逐渐形成新的文化类型——南诏大理文化。仅从文化的角度讲，南诏灭爨是"文明的中断、文化的倒退"，·就是说没有进步反而退化了，因为南诏大理是农奴制政权，文化相对落后。换句话说，云南文化中少数民族文化特色鲜明，从汉至唐推进了四百多年的汉文化戛然而止。因此，有部分史家认为：爨文化其实质就是汉文化。

曲靖的城市建设，也有两千多年历史。公元前225年，秦始皇派常頞略通五尺道至曲靖，这是中原通往云南的第一条官道。西汉元封二年（公元前109年），汉朝在今开发区三岔一带（也有地方史家认为在今麒麟区的三宝，考古发掘有古城墙遗址及梁堆墓遗址）建成曲靖历史上最早的城市味县，这也是曲靖被纳入中央版图的开端。唐朝贞观八年（公元634年），设郎州都督府于味县，首任都督韦仁寿率军民筑成闻名后世的石城取代味县（之后的南诏、大理、元朝均在曲靖设石城治所），明朝洪武二十年（公元1387年），开始建造新府城取代石城。从明清至今，曲靖城建都是在老城基础上辐射建构，即始终以老城为依托，逐步向外延伸扩展，老城是曲靖城市文明孕育生发的源头活水，是曲靖悠久历史和古老文明的见证。史书记载，曲靖老城从1387年开始，由明代首任曲靖卫指挥使刘璧率军民建设，前后用时33年，直到1420年完工；民间传说，曲靖老城是明代地理学家、建筑家、堪舆家汪湛海仿照西安古城设计的，其图纸后来又用于建造澳门，所以，民间流传澳门与曲靖是一对姊妹城。古老的曲靖，作为曾经统辖云南近五百年的第一个首府，云南曾经的政治、军事、经济、文化的中心，必然有大量文物古迹，但可惜大都拆毁殆尽。城市发展，社会进步，拆迁没有错，一座旧城消灭了，新城会耸立起来，这是历史之道，人类文明之道，遗憾的是：拆迁过程中，保护没有及时跟进，致使很多祖宗遗留的珍贵文物随之毁灭。夹在各种现代化进程中的孤独老街，是目前曲靖最具规模的活态的文化遗存，承载了曲靖的过去与现在、无形与有形。

纵观曲靖的历史，同全国其他地方一样，也是一部多民族融合史。很多人知道大理段氏，但不知道比大理段氏更古老、存在时间更长的曲靖爨氏；很多人听说过丽江纳西古乐，但不知道比丽江纳西古乐更古老、存在时间更长的曲靖爨乡古乐。历史文化的保存，其实质就是要让子孙后代有一个与祖先对话的精神寄托之地。

外来文化频频传入，各类移民纷至沓来，宽阔的曲靖坝子被屯垦，南盘江流域人口骤增，村落密布，农业发展，商贾繁荣，涌现了无数风云人物，或文传天下，或血染疆场，历朝历代，层出不穷，可歌可泣，或名噪一时，或流芳千古。

譬如孟获，《华阳国志·南中》明确记载："孟获，建宁郡人（即曲靖人）"，三国时诸葛亮南征，孟获归附汉朝，曾任蜀汉御史中丞，可以说没有孟获，就没有诸葛亮平定"南中"的胜利，就没有蜀汉大后方的安定。

"恩威著于南土"的爨氏雄杰：爨习、爨谷、爨琛、爨宝子、爨龙颜、爨瓛、爨归王、阿姹、爨崇道等。

曲靖老街人朱家民，明朝万历举人，赐进士出身，因军功破格晋升，官终从一品贵州左布政使，崇祯皇帝诰封朱家三代，《明史·卷二四九》为其立传。朱家民告老还乡回归故里，在城外购良田 500 亩，以其全部收入用作省城曲靖会馆的开支，为曲靖籍贫寒学子无偿提供食宿，还拿出大量资金收购各类书籍，于学院街置"万卷楼"，供读书人免费学习、查阅，堪称云南最早、规模最大的公益性私人图书馆，至今无人可及。1623 年朱家民主持修建的盘江铁索桥，位于贵州省晴隆县北盘江上，不仅造福当世与后世，还为三百年后的抗日战争做出了贡献。老街人唐时英，明朝嘉靖进士，官终正二品右副都御史、陕西巡抚，史称一代名宦，民国时期的云南督军唐继尧为其后人。明朝嘉靖皇帝之师李士安，今麒麟区人；清朝咸丰皇帝之师何桂珍，今师宗县人；咸丰五年（1855年）任江西道监察御史的师宗人窦垿，其《岳阳楼题联》以精妙绝伦的文采驰名古今。

曲靖老街人杨本昌，清朝嘉庆进士，官终三品两淮盐运使，以眼疾告老还乡，当曲靖连续三年遭受旱、涝灾害，民不聊生、哀鸿遍野时，杨本昌急公好义、赈济灾民，百姓感恩戴德，知府率众上门悬挂"利及群生"匾，杨本昌以个人之力独资治理南盘江，迄今无人可及，杨家位于曲靖西门街的私宅"忠义第"，被民间誉为"杨家花园"，若与建水"朱家花园"相比，按史书记载对比，有过之而无不及。

曲靖老街人陈子贞，清朝光绪举人，出生于中医世家，因治好时任云南巡抚林绍年久治无效的中风，被举荐执教云南医学堂，20余年的教学生涯，为云南培养了大批中医药人才，"三迤（云南）名医，皆出其门"，"云南药学首推兰止庵，医学首推陈子贞"。编写的《医学正旨择要》与《滇南本草》并列为医学著作之精华。光绪二十四年（1898年），曲靖鼠疫大流行，死亡人数之多，惨不忍睹，陈子贞力主"火烧地毒"，有效控制了鼠疫传播。

曲靖老街人孙光庭，中华民国成立时的国会参议院议员，因揭露曹锟贿选名动全国，一度出任广东军政府临时参议院副院长、云南省政府省务委员等职。

曲靖老街人刘雨村，曾任贵州安南（今晴隆）县令，后任陆良县县长，任满回乡，因为官廉洁，无钱购房，借住孙光庭家，曾写对联一副贴于门上："老骥伏枥，志在千里；好鸟求友，栖借一枝。"民国二十二年（1933年）刘雨村感叹自己："老刘老刘，今已白头。为官三十余载，只剩一领破裘，有时典去沽酒，也还自诩风流；有愧为民父母，未能为民解忧，唯不取有造孽钱，免为儿孙做马牛；空手而来空手去，可以对天复何求？"民国二十五年（1936年）病逝，未留下寸土片瓦，堪称清官典范。

西门街32号赵樾故居，是保存较好的一处老宅子，赵樾是民国时期振武军第三军中将军长、虎门要塞司令官，赵樾有三个义举青史留名：耗银18000余两，建成宣威可渡桥；购粮谷4万千克赈灾家乡；袁世凯、龙济光欲加害梁启超时，他巧妙成功营救。

曲靖老街人孙志曾，与唐继尧、李根源、刘云峰等人东渡日本加入同盟会，辛亥革命胜利后，先后担任云南高等审判厅厅长、云南高等检察厅厅长、军政府秘书长、政法学校校长等职，被黎元洪授予中将军衔，其侄孙桂馨曾任云南测绘学校校长等职，被授予少将军衔。

曲靖是云南最大的革命老区，近代以来，从重九起义到护国运动，从抗日战争到解放战争，涌现了许多重要人物和重大事件，譬如：会泽人黄毓英，1911年与蔡锷在昆明举兵起义，成为辛亥革命云南"三杰"之一，孙中山题匾："忠烈千古"；麒麟区人金耀曾，1926年在黄埔军校加入中国共产党，成为曲靖最早的共产党人；宣威人周建屏，1930年任红军军长，平型关战役率部伏击日军主力；宣威人刘雄武，1928年率部起义并参加井冈山红军，历任红三军第九师师长、二十三军军长；沾益人桂涛声，随李公朴北上宣传抗日，写下很多著名歌曲（如《在太行山上》《送棉衣》《歌八百壮士》等）；富源人王甲本，以国民党79军军长一职，在抗日战场上壮烈殉国；陆良人孙渡，抗战时任国民党第一集团军总司令，被授予陆军上将军衔；会泽人唐继尧，叱咤风云，书写了半部云南近代史，留下一份宝贵财富——云南大学，其言"会泽百家，至公天下"这句云大校训，不但反映了云大精神，也反映了曲靖精神。等等事迹，就不一一赘述了。

　　中华人民共和国成立后，南门街人王祖训，曾任军事科学院院长，被授予上将军衔。中国工程院院士胡永康也是土生土长的曲靖老街人。这样的人物，不胜枚举。

　　唐代以前，曲靖长期是云南的政治、经济、军事、文化中心，唐代以后，一直是州、路、府、地、市的治所。遗憾的是，文献流失散佚，史料零落残缺（主要是清代以前的）。据现有的资料考证，曲靖最早修成的志书是 1666 年南宁知县程封主编的《曲靖府志》（八卷），在此前后，曲靖贡生谭宏毅私人编辑的《南宁志草册》曾刊行于世。康熙五十八年（1719 年），南宁知县王标、儒学教授汤一中、儒学训导李恭等人编纂的《南宁县志》，堪称较完整的一部志书，全志十卷，五十四目。还值得一提的是，道光年间由曲靖人何喧编纂的《古越州志》和光绪初年由曲靖人路安衢编纂的《南宁乡土志》，对曲靖地方史的研究也有极好的参考价值。

# 曲靖民俗文化概览

民俗，即民间风俗，指一个国家或民族中广大民众所创造、享用和传承的生活文化。在中国，"民俗"一词很早就已出现。如《礼记·缁衣》："故君民者，章好以示民俗"；《史记·孙叔敖传》："楚民俗，好痹车"；《汉书·董仲舒传》："变民风，化民俗"；等等。而"民俗"一词作为专门学科术语，是对英文"Folklone"的意译。这是英国学者汤姆斯（William J. Thoms）1846年创造的，他以撒克逊语的"folk"（民众、民间）和"lore"（知识、学问）合成为一个新词，既指民间风俗现象，又指研究这门现象的学问。钟敬文先生认为，一切民俗都属于民间文化，但并非一切民间文化都是民俗。民俗是民间文化中带有集体性、传承性、模式性的现象，它主要以口耳相传、行为示范和心理影响的方式扩散和传承。可以分为四个部分：物质民俗、社会民俗、精神民俗、语言民俗。

任何一个地方，民族民间风俗的产生、形成，与其生存环境及人文特性无法分离。曲靖民俗源于曲靖悠久的历史、厚重的文化与独具特色的演化环境。曲靖市世居着汉、彝、回、壮、布依、苗、瑶、水等8个主体民族，其民俗文化内容博大精深、丰富多样，乡土与生活气息浓厚，涂抹着鲜明的地域性与民族性色彩，堪称滇东各民族社会生活与历史文化的缩影。弘扬曲靖民俗文化,是提高曲靖软实力、竞争力、影响力,建设社会主义先进文化的重要内涵。

伴随着生产力的发展、现代化和全球化的推进,民俗文化赖以生存和发展的基础和人文条件发生了巨大变化,其中不少民俗文化早已遗失和没落。当前,曲靖传统民俗文化的现状与发展不容乐观,本文在对曲靖区域内传统民俗进行大摸底大调研的基础上,拟对曲靖的民间风俗概貌进行一个大致的概括,以期更好地传承弘扬,为曲靖的非物质文化遗产的保护、传承、发展丰富新内容,为曲靖文化的再创造增添新素材,为曲靖乡村文化的振兴及传统民俗文化的传承提供基础,也为打造曲靖文化品牌开辟新领域。

**一、物质生活民俗**

1. 饮食民俗

曲靖饮食文化具有强大的兼容性,自古就吸收了许多外来饮食文化元素,如湘、粤、川、黔的菜品特点与本地民族饮食文化的融合,逐步形成以宣威饮食特点为主流的滇东北菜系,它以本色突出、复杂多元和丰富多彩而引人注目,有"美食之乡"和"独菜之乡"的美誉。俗话就说:游在云南,吃在曲靖。

曲靖地处云贵高原中部,境内山川纵横,特殊的地理环境、气候形成了特有的绿色生物圈,生长着许多药食同源的植物,既能排毒祛病,又是烹制菜肴的主要原料,如各种野生菌、仙茅、魔芋、党参、青阳参、附子、大药、香草等;独特的地理气候,使曲靖盛产一些独有的家畜,如宣威金毛猪、富源大河乌猪、会泽黑山羊、马龙深沟鸡以及黄牛和各种鱼类等。

滇东北菜系具有鲜、辣、香、浓,突出本味的特征。滇东北地区,新鲜食材丰富，如野生食用菌、天麻、蜂、虫、野花、野果以及大规模人工养殖的野鸡、野兔、黑山羊、野猪及菌类等，突出原生态和民族特色。辣是曲靖美食的明显特点，如辣子鸡、糊辣鱼、辣螃蟹和洋芋鸡等，均属于辣味十足的名菜。在曲靖菜中，香味更偏重干香、蒜香、酱香和臭香，如酱水鱼、干锅鸡、蒜香排骨、臭豆腐煮鸡、煮鱼等；曲靖菜味厚而醇和、油而不腻、粑而不烂、浓而不咸，如圆子鸡、羊肉汤锅、清炖火腿、酸菜猪脚等菜品的汤具有鲜浓的特点，蒸饵丝、小锅米线、卤面条、焖锅羊肉等的味道则十分醇厚。

调料类主要有韭菜花、越州老酱、甜白酒、乐业辣椒、罗平小黄姜、洋芋淀粉、马龙藠头、糟辣子、傅家调料等。韭菜花是曲靖颇具名气的传统名特食品，迄今已有一百多年历史，著名作家汪曾祺曾称赞曲靖韭菜花是中国咸菜里的"神品"。

原材料半成品类主要有宣威火腿、牛干巴、腊肉、陆良板鸭、血辣子、风肝、血肠、黑皮子、酥肉及宣威倘塘黄豆腐、魔芋豆腐、富源水酸菜、沾益干酸菜、会泽乐业灰豆腐、会泽稀豆粉、菜花蜜、罗平菜籽油、马龙荞丝、油炸菌类等。宣威火腿以鲜、酥、脆、嫩、香、甜驰名中外，早在1915年巴拿马国际博览会上就荣获过金质奖，成为云南省最早进入国际市场的名特食品之一。1923年在广州举办的全国各地食品比赛会上，孙中山先生为宣威火腿留下"饮和食德"的题词。

曲靖地方传统经典菜主要有：清汤圆子鸡、辣子鸡、黄焖鸡、洋芋鸡、煤窑鸡、泡椒鸡、清汤鸡炖菌子、糊辣鱼火锅、越州酱水鱼火锅、花白鲢火锅、农家蘸水鱼火锅、珠街老鸭子火锅、文火砂锅黄焖羊肉、烤全羊、富源全羊汤锅、富源酸菜猪脚、宣威小炒肉、宣威菜豆花、干椒黄豆腐、懒豆腐、会泽都督汤、师宗复方薏仁汤、麒麟八鲜炖、马龙野生菌等。①

此外，根据曲靖饮食现状，可分为市井饮食、百姓饮食、民族饮食和时令饮食。曲靖地域广阔，交通便利，来自天南地北的人们带来各地的饮食文化及食材，并与曲靖的风物特产、民风习俗结合，产生了大众化和独具特色的市井饮食。曲靖的市井饮食以小吃为主，如蒸饵丝、烧饵块、小锅米线、卤面条、陆良卤汤米线、栗炭烧烤、沾益小粑粑、炸洋芋、干酸菜面片、宣腿破酥包、鲜花饼、罗汉酥、油条、稀豆粉等，技法各样、品种繁多，即来即吃。

曲靖百姓饮食的代表是"八大碗"，麒麟区的八大碗以黑皮子和酥肉为主，宣威八大碗则以扣菜为主，主要有千张肉、粉蒸排骨、火腿扣洋芋、扣韭菜根、扣蛋卷、扣百合、扣白菜根、扣绣球圆子，会泽的羊八碗则讲究荤素搭配，以会泽优质黑山羊为原料，采用蒸、煮、炖、炒、炸、焖、馏等烹饪技法制作。百姓饮食也叫民间菜，其显著特点是就地取材，随食随用。尽管存在不同家庭、不同村寨口味的差异性，但其共性是十分明显的，即味道适口，大众喜爱，朴实无华，常食常新。

民族饮食指的是除汉族以外各个少数民族的饮食。由于各少数民族社会历史发展、地理环境、物产、文化宗教等的不同，每个民族都有各自的饮食习俗和爱好。如富源古敢水族的姜鸭子，罗平布依族的五花糯米饭、酸笋和烟熏肉，宣威、沾益等地彝族的坨坨肉，回族的油香等。

节令饮食是指人民群众在长期的生产生活中，在不同的节日形成的不同风味的饮食，并包含某种意义：一是象征性，如曲靖人冬至时有吃糍粑的习俗，被认为可以为食者滋补身体，带来福气，象征家庭团结和睦等；二是实用性的，如曲靖人在秋冬季节吃附子和草乌等，它们被作

---

① 毛加伟，杨艾军. 曲靖地方传统菜［M］. 昆明：云南美术出版社出版，2011.

为保健食物而享用，认为可以防病治病，强健体魄。①

2. 服饰文化

服饰的内容很广泛，既包括衣着及各种装饰品，还包含人体自身的装饰如发饰、文身、纹面、染指甲等，还有一些具有装饰作用的生产工具、护身武器及日常用品如弓弩、挎包、扇子、背带等。各民族因居住地形、气候及社会发展水平、宗教信仰等不同，形成了不同的服饰文化。每个民族服饰的变化，实际上反映的是该民族在生产生活过程中的居住、迁徙和演化过程，具有较强的辨识力和民族凝聚力。

回族服饰，男子上齐腰，下至膝，妇女除手、面外，不许裸露。头戴圆撮口帽，盖头，头颈全部盖起来，盖头绣花边图案，男子戴回族帽，有白色、黑色两种。上着对襟上衣，或白衬衫、外套坎肩，下着白长裤、白袜子，男子喜欢留须。现在的着装，除回族帽与盖头外，与汉人打扮相同。

壮族中的白沙、黑沙在服饰上有鲜明区别。白沙妇女上衣下裤，衣袖宽大，圆领大摆，领口镶绣花边。上衣多以青蓝色为主调，肩部袖部以轻重两色相互衬托，装饰性很强。青年女子服装绣花图案鲜艳，以金色项圈、戒指为装饰。黑沙妇女服饰颜色以青黑色为主调，上衣下裙，短衣细袖，戴圆形帽，帽边以金属物为装饰。壮族男子头顶青布包头，身穿自制青黑色土布衣裤，对襟衣裤，对襟布扣，衣服袖筒窄长。

瑶族男子蓄发，以青布缠包头，外围有素净刺绣巾，穿无领对襟长袖衣，外罩白布褂或左大襟上衣。下穿宽边长裤，小腿打绑腿。喜佩腰刀，银牌，烟具。妇女服装以青黑色为主，衣长过膝，腰系带子，前后襟并拢而束于腰带上，领口、袖口均有挑花刺绣图案。下穿阔裆大裤，

① 陈建顺，王军. 基于城市旅游的曲靖饮食文化基本状态［J］. 曲靖师范学院学报，2013，32（05）.

裤脚较宽，以不同颜色布料镶边，长及脚踝，绑着白布绑腿。

布依族男女服装喜欢用蓝、黑、青、白四种颜色，布料均为自种棉、自纺、自染，色泽鲜艳，不易褪色。男子以一长条黑布包头，穿对襟"四块瓦"短衣和长裤。妇女穿蓝黑色百褶长裙，系围腰，头缠黑色包头，身穿无领有襟短衣及内衣，衣大袖宽，盘肩镶绣花边。脚穿翘鼻子绣花鞋，包头和胸前配有银器首饰点缀。

苗族一般穿青、蓝、黑色对襟短衣，下着长裤，腰束裤带，以青、黑布盘于头上。妇女的衣着两个支系有别：白苗，身穿百褶麻布白裙，以黑麻布和黑棉布作为绑腿带缠腿至膝，上着短衣无扣，佩花披肩，发盘于头顶前。未婚女子挽发，发偏一边，已婚妇女在偏发上插一把木梳，首饰有银项圈、耳环、银牌、手镯、戒指等。白苗的裙襟衣双边由黑布或红布镶成，内有梅花或水纹图案，图案用彩色花线挑或绣制而成。裙襟衣盖着的衬衣正身无饰无纹，从肩到袖口则由用绣、挑、镶各种手法拼接的五颜六色的一圈一圈图案组成。腰间前后各系一块围腰，围腰四周用几块色彩不同的布拼成，中间多为黑布，腰带上也镶有精致的花。苗族服饰上所绣的花纹图案，是一部浓缩的苗族变迁史。图案中的曲线，代表江河，波纹代表梯田梯地，绿色方块代表洞庭湖水，三角形代表山，点状花代表谷穗，图案中央的大花代表京城。

短衣长裙是富源水族服饰形式最早的记载，随着时代的变迁和劳作的需要，已易裙为裤。在较长时间内，布料主要靠妇女用自种火麻、苎麻及购买棉花自纺自织。燃料源于自栽蓼蓝叶。颜色以蓝、青、黑为主。男性服装，爱打包头，长一丈三尺，宽一尺一寸，为自纺自织自染。男性中、青年喜穿青色布扣对襟衣、大裆裤，年老者穿右衽长衫，下穿宽脚裤。女性亦打包头，上衣右开襟，襟镶花边。已婚女性系长围腰，未婚女性系小围腰。①

彝族尚黑，作为统治阶级的黑彝，男女老少一身黑衣。尚黑源于彝族的图腾崇拜。其服饰丰富多彩，彝族领褂的基本特点是无袖、圆领，对开襟，一般用棉布或麻布缝制。但是，部分彝族的羊皮领褂和火草领褂却十分有特色。男子各支系大同小异，一般头绕玄色盘头，上身穿镶边的偏襟或对襟紧身上衣，扎腰带，下身穿肥大的撒腿裤，外面披宽大的毛织披风。妇女的服饰则多用大色块组成，色彩对比鲜明，绚丽多彩。②

现今少数民族平日衣着与汉族生活时装基本相同，民族服装只在节庆日及婚庆日着装。

较为有代表性的有马龙县马鸣乡咨卡村白彝火草褂，用火草叶片，水洗后撕下火草绒，捻成线后纺织。火草褂不易污染，且越洗越白，编织紧密且耐磨。

师宗县龙庆乡黑尔壮族服饰分为生活装和结婚装。女子生活装饰头戴色彩艳丽的辫套帽及蓝靛色头帕，青年妇女或小伢上身着无领斜襟紧身衣，领口及右襟纽扣绣有五彩缤纷的花边图案，下穿蜡染蓝靛色皱褶裙。结婚装除穿戴上述衣、帽、裙外，头戴的辫帽上钉有银块花纹，衣角、领襟围、帽围均钉上饰有花纹、鸟兽、人物的银丝、银块，脖戴银项链，耳戴大圆银环，手带银扁镯，下身仍穿青色绉纹筒裙，脚穿凤头鞋。

师宗龙庆乡束米甸村委会小麦村彝族服饰，男性大致一样，打各色包头，长约一丈，绣有花边图案。上身穿绣有以红色为主的花纹图案的

---

① 政协云南省曲靖市. 曲靖文史资料：第四辑［M］. 内部资料，74，172，185，228，257，318.
② 王富祥. 滇东北少数民族服饰在中国画创作中的价值表现［J］. 文学界（理论版），2011（11）：205-206.

对襟褂子，腰两边是绣有花边的腰带，穿黑色、蓝色、白色土布或麻布裤子，背着绣彩色挂包。全身服饰的领口、袖口、裤脚边都饰有织锦的花边。女性服饰以红色为基调，刺绣鲜艳夺目；头饰别有特色，帽顶缀有五个红、黄、绿三色组成的彩球，帽子中段镶有两圈形如小蚌壳的"赛巴"，帽角边缘有若干串彩珠。服饰以蓝色为底，肩围、两袖、衣襟边缘、衣背中央钉上不同花纹的条形刺绣。围腰分前后两块，缠于腰间，下装是黑底裙子，裙中段有两道不同花纹的镶绣，裙脚边系有若干串小彩珠。正面系的围腰和背面系的两根飘带皆为整块的刺绣。其服饰如其自称的"繁多"一样，在兄弟民族中是少有的。①

### 3. 建筑文化

从人类最早为遮风避雨、躲避虫兽而利用天然空间以栖身，到现在多样化、精巧化的人工建筑。建筑是客体化的人生，是空间化的社会生活。建筑在满足人们物质生活需要的同时，折射出的也是人们的传统观念、宗教信仰、审美情趣等精神世界。

（1）曲靖老城建筑。历史上，中原文化入滇，从地缘上，曲靖是必经通道，曲靖处在对内地开放的前沿，又是内地进入云南的门户，既是交通的枢纽和咽喉，又是开发最早的区域。公元前225年，秦始皇派常頞略通五尺道至曲靖，公元前109年，汉朝建成曲靖历史上第一座土城（味县），公元634年，唐朝废味县筑石城，公元1387年，明朝又建新府城取代石城，从明清至今，曲靖的城市建设以老城为依托，逐步向外延伸扩展。现在仍然使用的老城六百多年了，具有"四门错落不对开，巧布八条丁字街，九对巷道十字路"之独特结构，在我国古代城建中具有典型代表性。老城坐西朝东，周长3300米，城墙高9.9米，

---

① 曲靖市文化局，曲靖市文化馆. 曲靖市非物质文化遗产保护名录 [M]. 昆明：云南民族出版社，2007：56-59.

厚9.9米，城楼上有1630个垛口，城门楼是木结构的双重楼飞檐式，在城墙四角分别建有角楼，角楼的内侧分别掘有四个大水池，全城依地形呈不规则长方形，城内道路网为丁字形，初建时有38条街巷，街宽6米，巷宽4米，临街民房前店后厂，每户房子呈长条状，2层土木结构，多数是三房套两院，为了防风、防火、缓解屋顶雨水的冲击，设置了马头墙、猫拱墙，老城北临麒麟山、南倚寥廓山，东临南盘江，又有潇湘江、白石江环绕，倚山面水，居高临下，按照古人要求的"山阴水阳、占脉拥势"，均得到较好体现。老城曾经有大量文物古迹，可惜拆毁殆尽。民间至今仍流传着让曲靖人骄傲的代表性古建筑"三寺、八庙、九阁"（三寺：天王寺、土主寺、观音寺；八庙：财神庙、城隍庙、诸葛庙、二郎庙、火神庙、东岳庙、娘娘庙、马王庙；九阁：太阳阁、吕祖阁、太阴阁、都天阁为四门城楼，另外还有张仙阁、斗阁、魁阁、北玉阁、文昌阁）。

老城老街，是活态的文化遗存。历史的最好物证是古建筑，一座城市如果没有古建筑保留下来，建设得再漂亮也充满遗憾，因为没有历史感与文化感。[1]

（2）曲靖民居建筑。主要类型有：一是土木房，是最普通常见的式样，采用土木结构，人字顶、两面坡、穿斗式，通常一楼一底。二是合院房常见的有四合院、三合院。曲靖的四合院平面布局与北方的四合院大体一致，院子（天井）有大有小。在会泽有"四水归堂"的说法，意为四房朝内屋面的侧坡设计将雨水都汇流入天井之中。曲靖现存相对较多较好的合院民居主要在会泽县城古城社区、陆良马街镇良迪村、陆良芳华镇雍家村，师宗窦氏合院民居中有一进院、二进院、三进院，甚至四进院、五进院，结构复杂，富有特色。三是一颗印。这是四合院的

---

① 戴兴华.曲靖老城印记［N］.曲靖日报，2018-06-15（07）.

一种特殊形式，四周房屋都是两层，正房多为三间，左右各有两间耳房，前面临街一面是倒座，中间为住宅大门；在四房相连的转角处是互相连接的，没有出现空处，住宅外面都用高墙，很少开窗，整个外观方方正正，组成一颗印章的形状。曲靖保存得最好的一座建筑是陆良马街镇的殷怀庆故居。四是吊脚楼，主要是壮族、布依族建设使用，是典型的柱上建筑，一般以石料为基础，用木桩支撑，楼上铺以楼板，四壁用木板，或是用竹排、木栅糊以黏土、杂草为墙。五是蘑菇房（茅草房），有圆顶形和四面坡形，也有多户联盖形成一字形。圆顶形的因屋顶斜面较长，远大于四墙，远看如"蘑菇"一般，故称为"蘑菇房"，现在只有麒麟茨营红土墙村、沾益白水镇甘塘等少数偏远地方还有少数遗留。六是石板房，主要分布在会泽大海、小江一带乡村，结构上与土木结构房无异，多就地取材，选用当地石材，墙体用石块支砌，屋顶以石板为瓦。七是土固房（土库房），过去在马龙等地，汉族也盖有土固房，类似于德钦藏族的"土库房"。在楼顶用细竹、细棍铺底，上面再用杂草、松毛、头发、猪毛、石灰、黏土等杂物用糯米水拌潮铺在面上，再用木拍板反复拍紧。上面既可防水防火，防寒保暖，又可晾晒粮食。

由于曲靖历史上民族变迁巨大、民族融合程度深，各民族的民居虽然各有特点，但相互影响明显。彝族传统喜欢"聚族而居""据险而居""靠山而居"，多居住在山区、半山区，少部分在坝区，会优先考虑有充分的日照、通风。彝族民居主要有土木房、蘑菇房、一字型房屋和曲尺型房屋。彝族住房楼上堆放粮食杂物，兼卧室。底层一般是三间，中间堂屋开间较大，是平日家庭活动及待客场所。正中壁前是供祖灵"玛都"和祀神的祭坛。中间偏右，置火塘，火终年不熄。水族有"好水滨，构楼居"之说，水族村寨多坐落在低丘谷地和河谷槽区，喜欢同姓同族而居，多住干栏式楼房，村前有小河，寨后有"风水林"或"祭山林"。现在水族地区的房屋已逐步由石、砖结构取代，汉式房屋建筑风格日趋明显。回族民居的结构、造型与汉族大体一致，但喜欢青瓦白墙，区别主要是室内设有经堂，建有洗澡堂。在回族聚集的村落建有清真寺。苗族过去多是刀耕火种、放牧狩猎。多住崖洞、窝栅、茅草房，且经常迁徙，现大部分都盖了土木房或是浇灌建筑。壮族、布依族生活区域，多为河谷地区，高温潮湿，过去多建有"干栏式"吊脚楼，底层用作畜厩，二楼住人及堆放粮食。瑶族多选择山清水秀、当阳背风的地方建设村寨，房子喜欢单家独户，建筑式样上与汉族的土木房差不多，多为一楼一底，底层饲养牲畜，上层人居住；有的喜欢在正房一侧建有土掌房，上面翻晒粮食，下面或用作厨房，或用作畜圈。

### 二、岁时节令民俗

#### 1. 传统节日习俗

按照农历的生产性活动而产生的中国传统节日，与二十四节气相呼应，按春夏秋冬不同的节令，形成了多样化的节日：春节迎新、元宵闹灯、清明踏青、端午赛船、中元祭奠、中秋赏月、重阳登高、腊八喝粥……所有节日都具有了诸如祈愿辟邪、敬祖追宗、娱乐交友、团圆美满、丰收福报等具有特殊意义的符号。通过有别于日常生活的一些仪式化程序、娱乐化活动，将整个民族的记忆代代相传。

丢石子是陆良县民间传统习俗，每年正月十六举行。在城南南盘江大石桥，人们站立桥头，手握事先准备好的三个小石子，默许三个心愿将石子一一丢入江中。意为求神保佑家人平平安安、去病免灾、健康长寿。丢完石子后，燃放鞭炮、点燃孔明灯。而后，人们到土特食品一条街购买小食品，陆良徽子、米花糖、花生糖、叮叮糖等民间传统手工食品，带回家与家人和亲朋好友分享。

会泽闹元宵习俗，历史悠久，在民间根深蒂固，广受群众欢迎，充分彰显了古城的文化特色。自正月十四开始至十六结束，举办三天。活动形式主要以民俗表演为主，内容十分丰富，以铿锵有力的锣鼓全程伴奏，有财神送宝，猪八戒背媳妇，渔翁与蚌壳，民间唢呐演奏，毛驴、旱船等节目，压轴大戏是龙狮表演。龙腾狮舞闹元宵，送上祝福送吉祥，来年安康事事顺，国泰民安更富强。近年来，会泽元宵节还增添了新的内容，以送灯和接灯仪式为平台，在城区合理布局表演点，表演结束后，接灯户为民俗表演组织方送上一个小小的红包，多少自定，但尾数需有吉祥数 6 字，寓意大吉大利，万事顺。

会泽民间耍板凳龙的习俗历史久远，一般在正月十五举行。平日如遇开业典礼、婚嫁、祝寿等活动，经常可见板凳龙的表演场景。板凳龙采用民间家庭常用的长凳，加上龙头、龙披、龙尾为骨架，经过巧手装饰而成形。一般用篾编制作龙头、龙尾，用棉花棉纸糊裱龙身后进行彩绘。板凳龙有一个人表演，也有二人、四人和多人表演，通常二人舞一个板凳龙。其主要动作有：龙出宫、龙跑圆、龙穿身、龙跳龙、龙翻身、龙点头、龙回宫等，气氛欢乐，场面热闹。

2. 少数民族节日习俗

绑山花子又称绑神猴，是师宗雄壁镇大堵杂村彝族传统民间习俗。一般于每年农历大年初一举行，参加活动的必须是十岁至四十岁之间的男性族人，人数不限。绑山花子有约定俗成的戒律，山花子（面具）是大堵杂村彝族崇拜的图腾之一。制作面具需要选上好木材，上色构图，由村中德高望重的长者亲自操办，不许外人看，面具制作完成后，经长者指定专人保管。大年初一，天刚亮，男青年上山会集，用过山龙草缠绑全身，戴好面具后如同猴子模样，以此由人变成了山花子。三个

220

山花子为一组，听到族人长者发出指令后，入村逐户拜年，作三揖，跳三跳，念咒语，意为祈求来年风调雨顺、平安吉祥。拜叩完毕后，所有山花子聚集在村中打麦场上，表演传统古朴的山花子舞。

踩花山是云南苗族同胞最重要的传统民俗节日。在师宗县高良乡纳厦村的踩花山每三年举办一次，一般在正月初一至十五期间，择日举行。要选好花山场，选二根笔直杉树，裁好花杆，由主持人宣布花山节开始。活动内容主要有情歌对唱、摔跤、登山、斗牛、耍把式、爬花杆、射弩、打陀螺、口弦、芦笙舞等，内容丰富，形式多样。尤其是爬花杆比赛最刺激，最受百姓喜欢，也是苗族小伙子显示本事和象征勇敢的活动。

师宗县五龙壮族乡狗街村委会的水寨村，每年农历三月初三，都要举行盛大的民俗活动，历时三天，是壮族青年男女谈情说爱、许定终身的日子。期间，会请"抱摩"主持祭山、祭树、祭水仪式，举办长街宴招待八方来客，举行百人竹竿舞和泼水等文体活动。

罗平长底布依族乡、鲁布革布依族苗族乡是云南省唯一的两个布依乡。每年的农历二月初二，是布依族盛大的节日，俗称"小年"。九龙河、块泽河、黄泥河沿岸的布依族青年男女成群结队，在神龙瀑布下的瀑马山对唱山歌。如今已发展成为集歌会、民间民俗表演和商贸旅游于一体的民族传统节日。

三月三是布依族的春节，又称"布依闹水"，从农历三月初三日起，到三月初六日止，节日期间，男人烧猪宰羊、准备祭品，女人打扫卫生、染五彩花饭。待一切安排妥当后，男女老幼全都身着盛装聚集河边路旁，打水枪、赛竹筏、吹木叶、玩水车、对山歌、泼圣水，表达真诚的祝福。

### 三、信仰民俗

民间信仰是在长期的历史发展过程中，在民众中自发产生的一套神灵崇拜观念、行为习惯和相应的仪式制度。民间信仰内容丰富、种类繁多。信仰具有一定的崇拜对象，世代相承，拥有广泛的社会基础，其内容主要包括灵魂、自然神、图腾、生育神、祖先神、行业神等。

在会泽民间，一般在大旱无雨、人畜缺水，庄稼干枯的天灾之年，民间都会自发举行求雨"耍水龙"民俗活动。水龙用竹子等其他绿色植物绑扎而成，天微亮时，人们到县城西郊的龙潭举行祭祀仪式。仪式结束后水龙队走上街头，开始耍龙。沿街群众用各种盛水器皿装好清水以泼向水龙，泼得越多越吉祥，水龙翻腾，水花飞洒，男女老少均祈福上苍下雨除旱。

富源古敢水族乡"祭白龙"习俗，一般在农历二月初二举行。祭祀活动以村寨为单位，在村对面神山的半山腰举行。村长是祭祀活动的主要牵头人和组织者，每户派一男性参加祭祀活动。当天，女性不许上山，全寨子的人要停止一切生产劳动，共度节日。祭品主要有纯白色的肥猪一头，白公鸡一只等。活动有主持诵经，率祭祀的村民跪拜神坛，请山神与龙神接收祭品，祈祷山神、龙神保佑全村寨人畜平安、风调雨顺、来年丰收。保护林木常绿没有火害，保护水源长流无水灾。

富源古敢水族"祭龙潭"习俗，是农历三月的第一个蛇日，当天打扫干净龙潭周边，布置祭坛，请水神接收祭品。向龙王祈求保佑水户村寨，风调雨顺，五谷丰登。

农历六月二十四是彝族盛大的传统节日：火把节，曲靖各地的彝族都要举行隆重的活动，时间一般一至三天。家家户户杀鸡宰羊，晚上集中燃起一堆堆篝火，手拉手围着火堆纵情跳舞。传统的火把节是一种隆重的农业祭祀活动，认为用火可以驱灾除邪，保佑来年丰收和吉祥。

陆良县小百户镇罗贡村委会打鼓村撒尼人祭密枝山是其一年一度传统文化的重要活动之一。密枝山是当地彝族人民心中的神山，每年冬月的第一个属鼠日进行祭祀。上山祭拜的人必须是男性，女性不能参加祭拜活动。毕摩主持行跪拜礼，祈祷人畜旺盛、平安如意、风调雨顺，同时划定封山的四至界线，规定村民在三天之内不得到此山方向劳动、放牧、砍伐树木等。①

罗平县旧屋基老寨彝族"祭山"习俗历史久远，一般在每年农历正月二十八，举办三天。祭山期间，任何人不得动土，不得做农活，不得晾晒衣物，女性不得上山参加祭山，只有男性才可参加。通过一系列仪式，请山神享用祭品，祈求山神保佑寨子人畜平安、风调雨顺。

布依族信仰"万物皆有灵"的自然崇拜，祭老人房即为祭寨神，是布依族最隆重、最神圣的祭祀活动，一般在每年农历二月的第一个兔日，举办三天。三天内寨子停止一切生产劳作和娱乐，遵循严格的禁忌，禁止外人入村。祭祀仪式一般在深夜进行，请寨神享用祭品，保佑寨子平安无灾，风调雨顺，五谷丰登。摩公通过解析鸡卦来预判来年全村的福祸。同时，其他月份还有祭山、祭水、祭树神等民间习俗。以此为契机，摩公教育村寨族人保护森林、保护青山、保护水源、尊老敬老、追忆先祖。

### 四、人生仪礼民俗

人生仪礼是指人在一生中几个重要环节上所经过的具有一定仪式的行为过程，是社会民俗事象中的重要组成部分。每一个人之所以经历人

---

① 曲靖市文化局，曲靖市文化馆. 曲靖市非物质文化遗产保护目录［M］. 昆明：云南民族出版社，2007：66.

生仪礼，主要是在其生命过程的不同阶段上，社会制度对他的地位规定和角色认可，展现的是人的社会化发展阶段的标准。

1. 成人礼

师宗高良乡下笼嘎村瑶族度戒是瑶族男性的成人礼，通常在十岁至十六岁举行。度戒后证明男子进入成年，可以进行社会交往。度戒程序非常复杂，内容十分丰富，有严格的清规戒律。受戒者进入戒堂后，禁吃、禁喝，面向正堂，静听度戒师念法经。

度戒仪式要设法堂，法师开坛念经。设高台，受戒者按法师的旨意面向高台跪拜后再被送上高台，背向前方，蹲下双手抱膝，滚下高台后，由法师确认其双腿没有松开，即证明受戒成功。法师用专用法器大印，分别在受戒者前额、胸口、手心、脚后跟盖上法印。仪式完成后，受戒者父母跪地叩拜，向法师敬酒，以示谢师。

2. 婚俗

会泽县马路乡马路村委会大转弯村苗族寨，实行严格的一夫一妻制婚姻习俗。男女婚姻自由，可以自由选择对象，决定终身大事。男女婚姻一般要经历串婚（以抢手巾来表达情意）、订婚、结婚的过程。

3. 丧葬

师宗县彩云镇柒村彝族有其独特的丧葬习俗，祭奠死者要举行隆重的丧葬仪式，主要由九支表演队约 60 人组成的一条龙游行表演，分别为踩高跷队—吹洋号队—戏乐队—南洋叉队—春秋刀队—霸王鞭队—七门棍队—大三弦队—舞狮队。九支队伍同时游行表演，表达了生者对死者的哀悼、敬爱之情。同时也能为死者驱邪逐魔，开路送魂，祝福死者快乐，生者平安。

## 五、游戏娱乐民俗

游戏娱乐，是一种以消遣休闲、调剂身心为主要目的，而有一定模式的民俗活动。它是人类在具备起码的物质生存条件的基础上，为满足精神的需求而进行的文化创造。

在麒麟区越州镇一带，流传着一种古老的民间表演艺术，当地人称为"踢打戏"，集"打、娱、戏"于一体，具有较强的地域文化特色。"踢打"分为徒手和器械两种，有单练对打、集体演练等形式。其道具多为古时作战中使用的刀、枪、棍、棒等武术器械。踢打戏主要分为五个部分，即：打岔、开场、踢打、"金钱棍"表演、谢茶。踢打戏是农民起义队伍战时打仗、闲时农耕、操练，经常组织"踢打"的遗风。

摔跤是滇东北民间各民族都十分喜欢的一项民间传统体育运动。陆良县大莫古镇新村彝族撒尼人多数在每年的正月初八、初九举行摔跤。马龙县马鸣乡咨卡村彝族在双年份的农历二月初二举行。在咨卡村，女子摔跤是一道独特的风景线。二月初二日为男性摔跤比赛日，二月初三日为女子摔跤日，每场当场决出胜负。比赛采用现场抽签，不分专业或业余，不验身份，不问年龄，来者不拒，循环淘汰。

## 六、民间艺术民俗

民间艺术是在民众中广泛流行的音乐、舞蹈、技艺、戏曲等艺术创造活动，是各种民俗活动的形象载体，其本身就是复杂纷纭的民俗事象。

### 1. 音乐

民间音乐由广大民众自己创造，并广泛传播于民间，具有深厚的群众基础，适应不同的社会生活的需求，不同的民间音乐具有娱乐性、生产生活性、宗教祭祀性、抒情性等不同的功能。

洞经音乐是一种融中国民间传统曲牌和宗教祭祀音乐为一体的乐种，在中国特别是西南地区已流传四百多年，曲目丰富，多是古乐和道教音乐。流传于曲靖地区的主要有：

麒麟区爨乡古乐，属省级非物质文化遗产。每周四下午，南城门城楼上，有个古乐会例行排练，一曲曲"此谱只应古时有"的旋律，凝重肃穆，让人感觉时光倒流上千年，充满飘逸的神秘感。演奏远古声音的，是一个民间团体：爨乡古乐会。爨乡古乐演奏的曲子，特别是唱词部分，严格遵循古时经文。由于时代变迁，不少古乐团体，演奏时把唱词进行了改动。爨乡古乐保持着过去的原始韵味，即老辈人怎么演奏，现在人就怎么演奏，老辈人怎么吟唱，现在人就怎么吟唱。音乐分为经腔和曲牌。有唱词叫经腔，是经文中的韵文部分，和诗词相近；曲牌即曲调，主要用于各种礼仪活动时的配乐，也用作经腔的间奏。演奏古乐的乐器主要分为管弦乐和打击乐两类。管弦乐，主要是笛子、二胡、琵琶、三弦、古筝、唢呐、扬琴等；打击乐主要是大鼓、小鼓、大锣、小锣、绞子、云乐、翠鼓、磬、木鱼、碰铃等。古乐会作为一种民俗礼乐，以劝化世人，纯正民风，崇敬先贤，恭谦礼让为宗旨。很多人知道大理段氏，但很少有人知道比大理段氏更古老、存在时间更长的曲靖爨氏；很多人听说过丽江纳西古乐，很少有人知道比丽江纳西古乐还要古老的曲靖爨乡古乐。

会泽县堂琅古乐，是从中原传入会泽的道教洞经音乐，是一种唱诵经文的音乐，至今已有数百年历史。后逐渐演变为兼容儒、释、道音律又具地方韵味的古乐，主要流传于会泽的金钟、者海、娜姑等地。2000年12月堂琅古乐团成立，演出的曲目主要有：三通鼓、将军令、小鹧鸪、开经赞、倒拖船、锁道龛、新卦腔、拟告、赞腔、老卦腔、大成赞。古乐通天地、和人神、移风俗，具有中和、意境，自然的雅、幽、清之美。①

---

① 戴兴华. 爨乡古乐 [N]. 曲靖日报，2017-08-22 (07).

罗平县富乐洞经音乐，流传于罗平县富乐镇。富乐洞经表演组织为洞经坛，其音乐特点独具特色，板眼分明，来源纯正，音符神妙。

沾益县李家屯洞经音乐，自清朝同治年间演奏至今，已有 140 余年历史。演奏活动主要在村子里的寺庙中举行，每月阴历十九做小会，大年初一做一次大会，开场白、各乐章演奏前的歌诗和诵文都有一定的程式，演奏的曲子也有一定的套路。

洞经音乐以其庄重肃穆、曲调优美扎根于广大人民群众中。但作者认为，都属汉族移民至滇杂交变异保存下来，并在各个民族地区生根开花的文化现象之一，严格说，绝非土著民族原有之文化。

山歌即山野之歌，主要传播于山区和高原，多在劳动生活中咏唱，具有即兴灵活性和鲜明地域性的特点。

师宗县黑尔壮族民歌《小渔篓》为小调式（六调工）民歌，在劳动中产生，反映的是黑尔水里有无数鱼虾、田螺等，当地人捕鱼时没有可装的东西，就地取材用竹子制成竹篓的劳动场景。

会泽是云南花灯主要流行地区之一，会泽花灯又称小唱灯，由于独特的地域因素和长期演变发展，以《采茶调》为代表的小唱灯在会泽广为流传。小唱灯主要有歌舞、小演唱和花灯戏三种表演形式。《采茶调》属于其中的花灯歌舞，是集体性的歌舞表演。

马龙山歌是青年男女在田间、野外对唱的情歌，内容除爱慕之情外，生活中的任何事物都可以根据需要编成歌词对唱。而秧歌与山歌的不同之处在于秧歌仅限于薅秧和栽秧时对唱（俗称打介支）。马龙县秧歌代表曲目为《石榴花开》，流传于马龙县大庄乡新发村。

麒麟区沿江乡民歌《大河涨水满石崖》是 20 世纪七八十年代沿江乡人民群众广泛传唱的一首，属于对唱情歌，歌词是借物喻人的承诺，表达了男女之间的爱情故事。这是"大集体"时期广大劳动人民群众在生产劳动时创作的。

器乐表演就是用民间乐器演奏的音乐，广泛应用于民间生活，在各种民间信仰、民俗活动及宗教祭祀活动中器乐演奏必不可少。曲靖地区主要有双管笛、姊妹箫、芦笙、唢呐、二胡、掌不来、长鼓、铜钹、口弦、打击乐以及巴乌、抛锣、铜鼓、葫芦丝等。

师宗县高良乡科白村岭黑寨，有一种民间乐器，壮语称为"哗呗"（壮语管乐器管子的统称），是一种双管竹笛乐器。多在建房、婚礼和丧葬等仪式上吹奏。选用当地名叫丛竹的老竹子枝桠中间部分做吹管，采山上的野蚕窝做哨嘴。哗呗为五声音阶，也有人将其改造成六音孔和七音孔，音域的扩宽丰富了各类歌曲的演奏和唢呐调演奏。

民间戏曲音乐即传统戏曲中的唱腔和伴奏音乐，唱腔和伴奏不同，反映了不同地方剧种和声腔的不同。曲靖较有特点的戏剧曲艺主要有：

会泽围鼓，民国和建国初期，在会泽的茶馆里面，流行一种清唱戏剧，人称"吊围鼓"。会泽县城只有清唱滇剧的围鼓茶室。吊围鼓是会泽传统滇剧的支脉，演员坐在凳椅上演唱，有弦乐和打击乐伴奏，故又称为"板凳戏"。演唱者不化妆，不进行形体表演。1985年后，围鼓逐渐转移到红白事上来。

会泽渔鼓，又称道情，演出时用一截类似水烟筒的空心薄竹制成，一端用蛇皮或动物尿泡皮蒙住固定好，以手指拍击鼓皮时发出"嘭嘭嘭"的清脆声，演奏时需配合筒板。渔鼓由一人讲和唱并穿插表演，通称打渔鼓或唱道情，演唱历史故事的一个片段。表演者一手横抱渔鼓，一手执筒板，在讲和唱中碰撞筒板打节拍。演出不限场所，室内的茶馆和室外的街道均可。

宣威庶乐花灯，流传于宣威市务德镇庶乐村，是"灯会"和"走老丑"的综合民间文化艺术活动。花灯的主体称"灯班"，每年正月初六开始排练叫"操灯",十三正式开始演出叫"出灯",在本村寨巡回演出四天,十六结束叫"烧灯"。出灯时各色灯笼高举队前,以鼓和大锣钹配奏,表演时以灯笼圈定场面,既是灯光又是舞美。

罗平县九龙镇腊庄小戏《破四门》,属花灯戏剧作品,供村中男女青年演出娱乐。共五人参加演出,其中一男扮演公子,四女扮演四姐妹,剧情展现旧时富贵人家的公子与劳苦大众的女子之间的冲突,属于发人深省的小闹剧,久演不衰。

2. 舞蹈

民间舞蹈,大多是载歌载舞、歌舞并重,具有鲜明的艺术特色。民间舞蹈的类型主要有:庆祝性舞蹈、自娱性舞蹈、祭祀性舞蹈、表演性舞蹈、戏曲类舞蹈、婚庆丧葬类舞蹈、生产或狩猎类舞蹈、健身习武舞蹈等。流传在曲靖地区的民间舞蹈的形式主要有:刀叉棍棒舞、锣钹舞、月琴舞、霸王鞭舞、器乐舞、狮舞、灯舞、踩高跷舞、板凳舞、跳脚舞、耍腰舞、肚皮舞、背面舞、碗舞、竹竿舞等。

祭祀舞主要有:罗平县旧屋基彝族箩箩舞,是专门用于祭祀和闹丧时的舞蹈,没有任何文字记载。舞蹈以多人为主,道具是每人箩箩一个,毛巾一块。箩箩放在舞者的左肩上,右手拿着毛巾在锣鼓的指挥下进行,变换各种队形,有圆圈、横排、竖排等。罗平县马街镇歹麦村委会泥勒村彝族跳歹舞,是在安葬死者时跳的舞蹈。参加安葬的男女手持手帕,在棺材前围成圈,在唢呐和锣鼓的伴奏中,以打手、摔手帕、踢脚、搓脚、跪拜等动作构成舞蹈。舞蹈记叙了彝族先民们从生到死的整个生活过程。罗平县钟山中寨蚂螂舞也是在闹丧时跳的舞蹈。

富源县古敢水族乡下笔冲、大寨、都章一带流行狮子舞,伴奏用水族打击乐,主要是皮鼓、大锣、大钹、小马锣等,多用于丧葬祭祀。同时还具有自娱性和表演性,常在水族传统节庆中表演。

宣威东山镇芙蓉、安迪彝族跳脚舞，是老人逝世治丧时采用的民族礼仪。每当有老人逝世，主、客家组织人员围着遗体跳脚，以示对死者的敬献和超度。每组跳脚者称为一班，由4人或多人组成，每人手中各执一串铜铃和一块白毛巾，口中念念有词，围着灵柩按一定旋律边唱边跳，祭奠死者。

麒麟区茨营乡红土墙彝族确比舞，是丧葬仪式上的舞蹈。彝族的葬礼举行了三天三夜，尸体停放于野外，人们为了保护死者的灵魂，就围成圆圈，摆手吓跑乌鸦，后来就逐步演变成确比舞。由两段组成，一是起棺前，二是路途中，共有舞蹈十四套，含大鼓舞、铜锣舞、手帕舞、酒礼舞。

富源县古敢水族乡"吞口舞"又名"耍吞口"，以水族吉祥物——"吞口"为原型制作道具。"吞口舞"在古时主要有两种表演形式，一种是演员以"吞口"为道具，模仿道士（巫师）给"吞口""开光"的动作和唱词，在有人家遇灾遇难或村寨中不利时才跳，旨在驱邪避恶，祈神保佑平安健康。另一种表演形式像一出戏，主要表现水户人家遭受邪恶侵扰，万物枯凋，生灵涂炭，"吞口"来到人间，吞灭邪恶，还了水族人家太平，"吞口"率众与民同乐，水户人家用最隆重的仪式迎神、谢神。

节庆舞主要有：陆良县小百户镇打鼓村大三弦舞，在当地群众组织的如喜庆节日、欢庆丰收、逢年过节、娶亲嫁女等联欢活动中，都必不可少。男女两排对舞，男的引笛拨弦，女的击掌回应，队形变化复杂，节拍鲜明，节奏感强，气氛热烈。

马龙彝族花灯团场，是彝族人民的一种自娱性集体舞，每逢过年过节，喜庆日子，都跳此舞来增添热闹气氛，表演时每人手中各提一盏灯笼，带有预祝五谷丰登、人人平安的吉祥含义。

师宗龙庆乡黑尔大寨村碗舞，最初是壮族人民缅怀祖先艰苦创建家业的舞蹈，通过演变，现在的碗舞已经从祭祀走向自娱自乐，成为歌唱自己幸福生活的写照。碗也从原始的葫芦碗、竹筒碗演变为土碗、瓷碗。碗舞常在小年、春节、正月十五、三月三、六月二十四等节日进行广场演出，男女相对而立，手执竹筷、瓷碗相互碰击。

沾益县炎方乡卡居彝族叠脚舞，最初是丧葬舞蹈，为了驱赶蚊蝇乌鸦和搓蛆来保护尸体，后来这些动作逐步变成了舞蹈律动。叠脚舞的动作较为丰富，除有驱赶飞禽（如确比舞）和搓脚（如跳歹舞）的基本动作外，还有独特的模仿动物和叠罗汉动作，如倒挂金钩、狮子搬苞谷、二龙戏水、老鹰啄食等。叠脚舞主要在彝族节日中表演，如二月初八"祭山节"、六月二十四"火把节"、七月的"立秋节"等。其次还会在丧葬祭祀中表演，一般由亡者亲戚和朋友参与。

芦笙舞狮苗族传统舞蹈，基本动作有"三步半""吸腿画圈""跨跳步""盖腿转""吸腿跳"等动作。芦笙舞除了在丧葬中跳，现在还发展为自娱性、表演性舞蹈，在劳动休闲时、苗族节庆中随时可跳。在师宗县高良乡纳厦村委会纳平山村、马龙县的苗族、富源县黄泥河镇小云脚村均流传较广。

3. 书法

国务院 1961 年公布的全国第一批重点保护文物，碑刻类仅 11 块（书法类 7 块），曲靖占了 3 块（都是书法类），极其少见，即："晋故振威将军建宁太守爨府君之墓"（俗称"爨宝子碑"或"小爨碑"）、"宋故龙骧将军护镇蛮校尉宁州刺史邛都县侯爨使君之碑"（俗称"爨龙颜碑"或"大爨碑"）、"大理段氏与三十七部会盟碑"（俗称"会盟碑"）。我国书法界素有"北碑南帖"之俗语，"二爨碑"的出土填补了"南无名碑"之空白，也奠定了其"国宝级"的地位（魏晋时期，国家几度下令禁碑，传世的魏晋碑帖极少），所以，"二爨碑"的声名远播，除了其书法的高古之外，出土的地方（曲靖）也让世人惊诧（阮元："求之北地亦不可多得"）。但对"二爨碑"的欣赏，主要表现在对其书法的推崇。康有为称小爨碑为"魏晋正书第一本""正书古石第一"，周钟岳称小爨碑为"南碑瑰宝"。在小爨碑之后53年的大爨碑，楷书成分大大增加，但仍有隶书风味，大爨碑的书体被康有为誉为"隶楷极则""神品第一"。

在曲靖民间，无数人能写"爨体"，各种各类的牌匾多以"爨体"书写，成为显著的地域特征或地方品牌。"爨碑书体"独树一帜：笔画结构在隶楷之间，兼有篆书遗姿，忽隶、忽楷、忽篆，可谓"三体合一"的融合物。多数研究者认为：爨氏时代，因远离中央政府，对中原日渐规范的楷体尚未完全了解与掌握，"二爨碑"正好记录了这种似隶非隶、似楷非楷的过渡书体。康有为评"小爨"书体："端朴若古佛之容""朴厚古茂，奇姿百出""在隶、楷之间，可以考见变体源流"；云南学者、教育家李根源称此碑书法"下笔刚健如铁，姿媚如神女"。康有为评"大爨"书体："若轩辕古圣，端冕垂裳""下笔如昆刀刻玉，但见浑美，布势如精工画人，各有意度，当为隶楷极则"；云南学者顾峰在其著作《云南碑刻与书法》中说："书法雄强茂美，参差有致，疏密相间，笔力遒劲，气势宏伟，像刀斧击凿而成，有隶书笔意，其方笔略兼圆笔，其方笔又比六十四年后的《张猛龙碑》浑厚大方，其圆笔又比五十三年后的《郑文公碑》凝重挺拔。"

爨碑书体与所处时代正统书家讲究法度形成强烈对比，更多的是任性而为之，可谓独树一帜。但在当下书法界，对其价值的认可并不算高。在多元审美背景下，积极拓展"爨体书法"影响力，最终形成标志性、品牌性、权威性的地域书风，对于爨乡曲靖，意义重大。①

4. 民间工艺

民间工艺是由广大劳动群众自发创造、享用并传承的技艺，集实用性、技巧性和美术性于一体，多以家庭或个体方式沿袭传承。

会泽斑铜工艺历史悠久，约有 300 年的历史，其工艺品种主要有香炉、蜡台、火锅、鼎、盆、瓶、猪、牛等几十种，制品有生斑和熟斑之分。工艺传承方式传男不传女，没有文字记载，属于口传心授。会泽斑铜因其特有的民间传统工艺被称为"中华一绝"，色彩绚丽，晶莹剔透，为工艺品加工制作的绝活，代表作品为双龙抱耳瓶，造型独特、光斑璀璨，属斑铜工艺精品。

富源水族吞口是常挂于水族人家门额上的一座横眉怒目的木雕像。吞口为人头傩像，由人首、凸眼、犬耳、宽鼻、獠牙、咧嘴伸舌头构成，或口含利剑，在民间意为能驱邪避恶，为民除害。吞口的制作一般以白杨、冬瓜木材为主，柳木也可以，干后进行雕刻。木材大小没有固定模式，可大可小，可圆可方，雕刻后用沙子打磨光滑，最后涂上油漆即可。现用石英粉和环氧树脂做吞口。传承方式以传男为主，一般以口头传授与实践相结合，传授人员无明确规定。

宣威龙场猫耳斗是宣威人吸食旱烟的烟锅，传承六代，至今百余年，属家庭传统手工艺。龙场猫耳斗主要由乌木烟杆和铜部件组成，生产过程全部手工操作，工艺流程复杂，制作精细，图案设计及金属配比全凭艺人的经验和感觉。其工艺传承方式为口传心授，主要以父传子，兄传弟的方式在家族中代代相传。

陆良县小前所小蒲箩编织历史已有三百多年，起初是浙江金华的一名女子嫁到该村，把编织技术传入该地。蒲箩可大可小，大的最早用于

---

① 戴兴华. 爨碑的书体 [N]. 曲靖日报, 2017-09-22 (07).

田间送饭当作饭盒用，有保温功能；也有的用作草帽、锅盖等。小的可用作针线篮。小前所村家家户户常年编织小蒲箩。

麒麟区潦浒村土陶工艺约有 500 年历史，其土陶制品以满足群众日常生活为主，主要有腌制酸菜的菜缸、日常煎制中药的药罐、农村家用的水缸等。其次还烧制了少量工艺品，主要是他人盖房时烧制房檐上用于驱邪避凶的瓦猫。如今已形成一定的陶艺制品产业链。潦浒土陶因取材独特，采用手工制作与柴烧，具有很高的保护和利用价值。开窑（祭窑）仪式隆重、肃穆。

罗平富乐镇李氏铜器具约有 200 年历史。李氏家族自传，纯铜制作，纯手工艺加工，以土法焊接，大可打造数米长的大铜摆件，小可制作几厘米烟嘴，造型美观，价廉物美，是既有使用价值又有艺术价值的工艺品和日常用品。

会泽县大桥乡杨梅山赵氏家族擀毡工艺，是其家族传统的手工业。赵家祖先从南京搬迁至会泽大桥乡杨梅山村居住，为了适应当地寒冷潮湿的气候，就开始擀毡子、毡褂、毡帽、毡衫等羊毛制品防寒、防潮。赵氏羊毛毡系列用品远近闻名，擀毡在选料上很严格，必须选用优质纯绵羊毛，产品有坐垫、桌垫、毡子、毡褂、毡帽、毡衫等十几种类型，图案多样，有"福"字、兰花、月月红、黑颈鹤和"龙头"等。

5. 戏剧

以滇剧、花灯举例说明。滇剧诞生于曲靖，是戏剧界的共识。据《雷氏宗谱》记载，清乾隆五十七年（1792 年），雷家祖先雷应文带领戏班从贵州省贵定县移居曲靖，从事演出活动。清道光三年（1823年），雷应文之子雷万春、雷鸣春、雷发春率领"雷家班"赴昆明演出，因戏班染上瘟疫，雷万春、雷鸣春相继病死，雷发春拜师改学滇戏。道光十一年（1831 年），雷发春回到曲靖，为重振父兄事业，重振戏班，在曲靖扩建并演唱滇剧，滇剧从此在曲靖扎根。之后，雷发春广收徒弟，代表人物为刘铭山。清光绪二年（1876年），贵州"科联班"流落曲靖，班主李少白拜雷发春为师，全班改学滇剧，并与"雷家班"合并组建"泰昌班"。光绪二十年（1894年），刘铭山之子刘玉堂重建"泰昌班"，在曲靖持续演出滇剧近三十年。光绪二十四年（1898年），会泽有李双兰和赖龙两个滇戏班比较活跃。光绪二十九年（1903年），陆良三岔河人俞小九、张桂芬在昆明演出滇剧，深受观众喜爱，后回乡组织滇剧演唱，为陆良最早的滇剧活动。光绪三十年（1904年），"泰昌班"赴滇南演出，曲靖赵家齐等邀约"雷家班"其余人员组建"义和班"，继续在城内开展滇剧演出。

清康熙年间，师宗、罗平已有花灯表演。花灯是外来民间歌曲与本地山歌、小调融汇发展形成。罗平花灯（娶亲调）与贵州花灯（十月比古）及广西花灯（十月花）旋律大同小异。罗平花灯（打牙牌）与贵州打牙牌、广西采调（虞美人）曲调十分接近，只是个别地方稍有变化。师宗花灯音乐中的许多曲调与江浙民间音乐也有密切联系，同名同曲的有《祝英台》《莲花落》《苏武牧羊》等；同名异曲的有《楼台调》《苏州调》《闹扬州》等；同曲异名的有《绣花包》《绣香袋》《捉泥鳅》等。因各地的方言习俗不同，又带有各地浓郁的乡土气息和民俗特色，经过兼收并蓄，汇集成不同流派、不同风格、各具特色的花灯内容。逢年过节，曲靖各地民间花灯爱好者自发组织并进行花灯演唱活动，成为民间喜闻乐见的艺术形式。

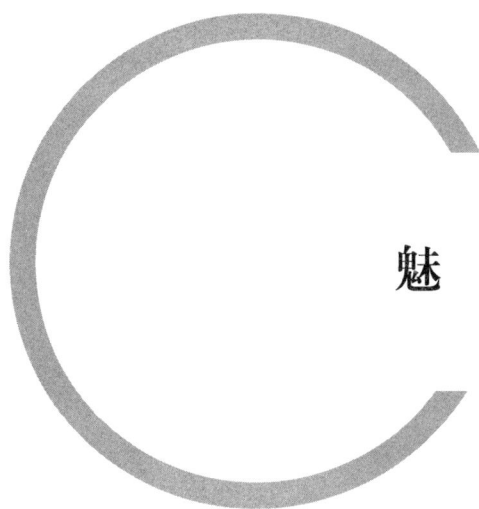

魅　惑

# 沧海变桑田

　　闲暇之时，三朋五友的，我常常邀约着去走山，在国内的不少名山大川留下过足迹。走得较多的还是云南的山，此外就数贵州的山了，因为贵州省的六盘水市、黔西南州、毕节市与云南省的曲靖市相邻。但反复走过的，还是家乡的山——曲靖市范围内的山。几十年爱好导致的坚持，足迹算是踏遍了曲靖绝大多数的山脉与丘陵。曾经站在曲靖寥廓山顶的靖宁宝塔上，搂着我儿稚嫩的肩膀，俯瞰着那些远远近近、绵延逶迤环绕着曲靖城的山峦夸口：那些山，你爹几乎都到过。

　　每一次走山，坐在旷野之中，静听山风吹过松林，在天地之间，大自然的怀抱里，个人是多么渺小如蚁。我呼吸着山野清新的空气、饱览着沿途的风景之余，云贵高原古老而神秘的地质结构、丰富且多样的地表化石，深深地吸引并打动了我，不断触动和撩拨着我想象的神经：那云遮雾罩、莽莽苍苍的云贵高原啊，曾经是怎样的一番海洋世界呢？

　　仅以我家乡云南省曲靖市范围内的地层来举例，就可以轻易触摸到无数裸露地表的古代海洋生物化石。

　　本人的地理地质知识浅薄，辨识不清，但每次走山一定拣回几块化石，积累多了，送点给朋友们赏玩。有人问及化石背后的故事，一时答不上来，我就忙着查找资料或找人讨教，之后，模模糊糊知道了曲靖的化石有很多种类，譬如腕足、蛤类、珊瑚、海百合、菊石、胴甲鱼甲片、三叶虫等。

这些化石，为我夜晚的睡眠不断勾勒出一幅幅生机盎然、美丽神奇的远古海洋世界：四亿年前的曲靖，阳光灿烂，海水湛蓝，波光粼粼下形态各异的原始鱼类在珊瑚丛中自由穿梭，大大小小的贝壳像晴朗夜空的繁星撒在海床上；一只急躁的三叶虫爬行时从泥沙里搅起几个螺旋形的菊石空壳，一条怪鱼在退潮的沙滩上用笨拙的肉鳍努力挪动着肥胖的身躯……

据古生物学家考证，在地球地质年代古生代中期，曲靖地处水陆之交，茫茫海洋中四射珊瑚、腕足、双壳蛤类、苔藓虫等造礁生物盛极一时，经过一系列的物理和化学作用后变成岩石，随着地壳的隆起，形成了庞大的石灰岩山体。这些造礁生物的大部分种类已经灭绝，在海相沉积岩中还能看到其身影，但它们当年多姿多彩的缤纷世界，只能通过想象去绘制了。

原始的鱼类，主要有无颌类、胴甲类、肉鳍鱼类，它们是脊椎动物的"老祖宗"。无颌类是最原始的鱼类，也是最原始的脊椎动物，以发现地点及其形态特征命名的有曲靖寥廓山盔甲鱼、曲靖寥廓山多鳃鱼、曲靖张氏盔甲鱼等；胴甲类是晚于无颌类的有颌鱼类，因为甲片坚硬完整，不易被分解腐化，历经了四亿年，现今在曲靖西山一带的泥岩和砂岩中，仍然能够见到胴甲鱼甲片化石，曲靖始突鱼便是研究胴甲鱼进化史的代表性标本；曲靖西山一带发现的原始肉鳍鱼化石还有杨氏鱼、奇异鱼、肯氏鱼等。2008年在曲靖潇湘水库旁边的地层，出土了一条近乎完整的4.19亿年前的斑鳞鱼（梦幻鬼鱼）化石，是全世界最古老保存最完整的硬骨鱼化石，也是唯一保存完整的有颌类。

四亿两千万年前，蕨类植物登上陆地，又经过了两千万年，脊椎动物登上陆地。肉鳍鱼类就是最早登上陆地的脊椎动物。自肉鳍鱼类开始，逐渐演化出四足动物，逐渐有了以后的庞然大物恐龙，逐渐有了飞禽走兽，也逐渐产生了人类。

生命诞生于海洋，繁盛于江河湖泊，最终向陆地迈出了伟大的一步。由于年代久远，科研意义重大，古鱼化石显得弥足珍贵。

1911年、1914年，被誉为"中国古生物学伟大创始人"的丁文江先生两度踏勘曲靖，掀开了曲靖古生物研究的面纱。1957年，曲靖在修建潇湘水库的过程中，发现了距今4.2亿年的古鱼类化石，种类主要有无颌类、胴甲类、空棘鱼类。1980年、1982年，联合国地质考察组到曲靖做泥盆纪地质地貌以及古鱼类化石的考察，得出一个结论：云南省曲靖市寥廓山岩层是世界上最古老且保存最完整的泥盆纪陆相岩层，出土的古鱼类化石对研究生物进化史和研究泥盆纪地质构造，具有珍贵的特殊价值。1998年，中国科学院古脊椎动物与古人类研究所朱敏研究员带队到曲靖翠峰山进行发掘与考察，找到了斑鳞鱼的原生层位。2008年，朱敏再次到翠峰山进行新一轮发掘，找到一件近乎完整的硬骨鱼标本，将其命名为"梦幻鬼鱼"。2010年，在潇湘水库附近农田的地层中又出土了大量古生物化石，发现了初始全颌鱼这一古鱼类化石。

一直以来，曲靖市成为众多古生物学家科考的圣地和成长的摇篮，成就了一批批享誉中外、学识渊博的科学家和知名学者，譬如张弥曼院士、朱敏院士等。研究证实：曲靖是全世界研究中志留世至早泥盆世的典型地层，古生物种类全、年代跨度大，在古生物研究史上有着罕见的科研价值。

于是，曲靖市当之无愧有了"鱼的故乡""古鱼王国""化石圣地"的美誉。

仅曲靖市罗平县就有4种古生物化石被列入国家首批重点保护名

录：丁氏滇肿龙、利齿滇东龙、云贵中国龟龙为一级重点保护古生物化石，云南龙鱼为三级重点保护古生物化石。

一次次的重要发现，一次次的科研成果，让古生物学界的目光一次次地聚焦曲靖。

丰富多样的古鱼类化石使曲靖成为古生物学家开展科研的一块宝地。跟随着古鱼化石的踪迹，去不断探寻并揭开古鱼化石背后的太多太多神秘故事。

或许正是那条在沙滩上艰难爬行的肉鳍鱼，最终离开水面，登上陆地，进化演绎了包含人类在内的所有陆生脊椎动物。

生命的进化是万物顺应自然的结果。在感谢造物主的同时，尊重自然、保护生态是人类不二的选择。

遥想四亿年前，曲靖乃至整个云贵高原还是无边无际的茫茫海洋，斗转星移，光阴荏苒，万物繁衍生生不息，时光成就了沧海变桑田的神话。

# 老街老屋

  我居住的东门街片区已纳入棚户区改造项目,很快就要整体拆除了。或许出于怀旧的心理,空闲时,我常常步入这些即将消失的老街老巷转悠。因为生于斯长于斯的缘故,对于这里及其周边的状况,尤其是那些老房子、老院落、老街坊,已经习惯了与之相处相伴的生活。置身这些破旧、简陋、脏乱、孤寂、落后的环境中,每天的日子也不觉得有什么不妥。平时熟视无睹,忽然要拆迁了,心里反倒萌生了不少失落,添了些许惆怅。

  曾经年少的我,生活在老城区,不懂得珍惜先辈遗产,只知道一家人住在祖屋里很拥挤很辛苦,梦想有朝一日能够搬出去,离开这儿。幸好,小时候家境不允许,只有认命,只有通过不断地筑梦来实现搬家的心愿,这个筑梦过程,一直持续到我大学毕业之后。

  其实,生活在老街老屋的日子,有苦有乐,有喜有悲。现在回想起来,我觉得很幸运出生在20世纪60年代,能够亲历那个时代的变化以及发生的很多事情,能够感受作为平民百姓的生存状态,体会芸芸大众及其家庭有如戏剧般的平凡与非凡生活际遇。这些难得的经历,不但丰富了我的人生,而且给我留下难以忘怀的老街记忆和感人故事。

  曲靖一直处在拆迁中。单拿东门街及其附近举例,已消失的文物古迹有：文庙、文昌阁、钟鼓楼、中军都司署、兵备道署、迤东道署、东岳庙、火神庙、娘娘庙、马王庙、观音寺、东山寺（报恩寺）、魁阁、斗阁、兴古书院等。

曲靖老街之打油巷（戴兴华/摄）

如今走过老城区，走过老街老巷，重返祖宅，回去探访我的童年。房前的阶石光洁发亮，柱子斑驳腐蚀，墙壁脱落，瓦屋顶长着杂草，院子里树木高大枝繁叶茂，还有那口不知凿于哪个年代的老井，井水依然清澈甘甜。几乎没有多少变化的环境，依稀可见当年留下的岁月痕迹。不久的将来，老街老巷不复存在，我家祖宅也难以幸免。想着这些，阵阵酸楚涌上心头，不禁让我想起我的亲人、我的街坊、我童年的玩伴以及时常挂于嘴边的老城故事。一幕幕在老街老屋上演的画面，不停地从我身旁飞蹿而过：全家人一起糊火柴盒、装订作业本的身影；妈妈踩踏缝纫机的声音；观看露天黑白电影的场面；与小伙伴一起玩自制玩具和过家家以及追逐打闹的欢笑声；家门口不时走过的小贩的叫卖声；街坊邻居聚拢一起摆龙门阵的情景……

曲靖西门老街
（龚垠辉 2022 年水彩写生）

此刻的心情，仿佛把我带回那个褪色的年代。年幼的我，常常在街头巷尾溜达，喜欢与小伙伴们在街面上玩游戏，偶尔会因为游戏发生争执，导致相互用拳脚对抗。隔天，又会因为玩游戏再次凑拢在一起。童年是那么美好，没有隔夜的仇，很快就会把不愉快的事情忘得一干二净。童年印象里，街坊邻居的家门是从来不用上锁的，小伙伴们跑东家窜西家，尤其是吃饭的时候，端着饭碗，溜到各家尝遍最喜欢的菜肴。记忆最深的一次是我们五六个街坊小家伙在其中一家玩耍，他母亲下班回来后，把家里喂养的唯一的一只鸡宰杀了招待我们。在那个物资极度匮乏、家家饿怕了的年代，毫不犹豫地烹了下蛋的母鸡款待小孩，品格多高尚呀！当时年纪小小的我，不知道其中的情谊，也不懂得感激，现在每次想起，总有一种温暖一种感动遍体融化。

这段无忧无虑的日子，在懵懵懂懂打打闹闹之中很快就过去了。

我的童年，像一个没有冷场的节目或一个精彩绝伦的故事，也像一幕引人入胜的电影。我的记忆离不开老街老屋，只因为老街老屋抚育了我并伴随我逐渐长大。

老街老屋像一部厚重的书籍。老街老屋的每一个角落、每一棵树、每一片瓦、每一块砖，甚至每一寸时光里，都珍藏着一个个悠远的故事。对老街老屋的记忆，此刻想起来，犹如夏季的细雨，绵绵长长。回头再看，这些昔日热闹的记忆将随着拆迁逐渐消逝，童年的玩伴也不知将散落何方。

遗留下来的，只有凋零的记忆！

记忆里老街的每条小巷、每个院落、每间房屋、每口水井，包括那些花草树木、陈年往事，开始变得遥远却又清晰。童年的经历连同它们承载的故事，是否还会被忆起并继续流传？

# 张志永写生画中的曲靖老城

张志永（1946—2015 年），曲靖市麒麟区西门街人，生前就职于曲靖市文化馆，系中国美术家协会云南分会会员、中国书法家协会云南分会会员，其书画作品多次入选省级以上展览并获各种奖项，被编入《中国当代美术家名录》《中国现代美术家大辞典》《中国当代名家墨迹》等，出版有《张志永书画集》《张志永画作》《张志永画选》等。

因为一篇文章的写作，我再次找出并仔细翻看张志永先生在 20 世纪五六十年代创作的"曲靖老城写生系列画"，不仅勾起我对这位德艺双馨的艺术家、忘年交的怀念，也勾起我对逐渐消失的曲靖老城的怀念。也许每一个艺术家都有故乡情怀，但不是每一个艺术家都具有历史情怀，曲靖文庙、康桥及康桥河、南门桥及南门河、老街古巷、名人故居、石牌坊、寺庙、阁楼、人物、风景、厂房……50 年前的老曲靖，那一幅幅写生作品，让我既感受到返璞归真般久违的亲切，又体会到变幻莫测的人间世事与无常。

被曲靖这方水土养育的我，魂牵梦绕般忆起曲靖老城老街的那些年、那些人和那些事。

曲靖是一个有故事的地方，老城存世，故事才能流传。历经数百年时光洗礼，庆幸老城没有被岁月完全吞噬，神奇地存活了下来。于是，对于我们这些从小生长于老街的人，就有了某种精神慰藉和灵魂寄托。

张志永先生的书画作品在他的家乡被认可度极高，长期受到市场青睐和藏家追捧。张志永先生曾经说过："在业余美术创作中，面对大自然无与伦比的艺术震撼，时时激发起心中的创作欲望和缺乏艺术表现力的无奈。强烈的艺术感召力驱使着我走向老曲靖古朴的街巷民宅……我的艺术灵性、激情及创作都融入了流淌着乡土气息的山水民俗中。师法自然，凝练自然，表现自然是一切艺术发展的客观法则，在我的创作实践中，竭力去发现、观察、捕捉大自然的神韵，发掘民族风情中的纯真美。那些已经流逝或即将流逝的老曲靖的场景，浸透了我如痴如醉的真情实感！"

糖行街及惠滇医院大门
（张志永 60 年代写生，戴兴华翻拍于《张志永画作》）

欣赏着张志永先生的书画作品，我的感受既像欣赏"花儿怎么开，溪水怎么流"一样亲切自然，又像品尝美酒好茶般恋恋不舍、回味无穷。当然，再优秀的作品也离不开观众，张志永先生的书画作品，从来就不缺观众，并受到观众的一直追捧。因为他和他的作品都是扎根基层、深入群众的。艺术不应是高高在上的存在，而应融入老百姓的日常生活，为人民群众喜闻乐见并能够服务于人民群众，被人民群众真正接纳。艺术源于民间，也最应该回归民间，回归平凡普通的世俗生活之中。"人间烟火气，最抚凡人心"。让我们一起走进张志永先生创作的一幅幅作品中，去感受和体会曲靖老城那些曾经的风光与岁月……

北关石牌坊
（张志永 1960 年写生，戴兴华翻拍于《张志永画作》）

北门外大街
（张志永 1961 年写生，戴兴华翻拍于《张志永画作》）

北门外三面红旗大街
（张志永 1971 年写生，戴兴华翻拍于《张志永画作》）

爨碑亭
（张志永 1969 年写生，戴兴华翻拍于《张志永画作》）
右图为"爨宝子碑"拓片

康桥
（张志永 1962 年写生，戴兴华翻拍于《张志永画作》）

南门街口
（张志永 1969 年写生，戴兴华翻拍于《张志永画作》）

曲靖斗阁
（张志永 1962 年写生，戴兴华翻拍于《张志永画作》）

塘巷街原曲靖地区人民医院门诊部
（张志永 1971 年写生，戴兴华翻拍于《张志永画作》）

土主街
（张志永 1969 年写生，戴兴华翻拍于《张志永画作》）

曲靖文庙大成殿
（张志永 1961 年写生，戴兴华翻拍于《张志永画作》）

曲靖文庙灵星门
（张志永 1961 年写生，戴兴华翻拍于《张志永画作》）

西门街打油巷口
（张志永 1963 年写生，戴兴华翻拍于《张志永画作》）

学院街口
（张志永 1974 年写生，戴兴华翻拍于《张志永画作》）

# 关于在曲靖建设"中国爨文化博物馆暨研究院"的思考

为彰显曲靖魅力，弘扬爨文化，打造文化地标，把曲靖建设成为中国爨文化实至名归的研究中心与展示基地，提升曲靖在全国的知名度和影响力，丰富曲靖城市文化内涵，助推曲靖经济社会高质量跨越式发展，提升云南副中心城市作用，服务群众公共文化，作者拟对"中国爨文化博物馆暨研究院"建设提出一孔之见，以期抛砖引玉，交流探讨。

## 关于"二爨碑"的历史背景

"二爨碑"名满海内外，是曲靖的骄傲，对"二爨碑"的欣赏，除了史学和文化价值外，还表现在对其书法的推崇。"二爨碑"即"爨宝子碑"和"爨龙颜碑"。"爨宝子碑"，全称"晋故振威将军建宁太守爨府君之墓"，俗称"小爨碑"，立于东晋安帝义熙元年（公元405年）；"爨龙颜碑"，全称"宋故龙骧将军护镇蛮校尉宁州刺史邛都县侯爨使君之墓"，俗称"大爨碑"，立于南朝刘宋孝武帝大明二年（公元

458 年)。之所以分大小，是因为形制上的大小差别。国务院 1961 年公布的全国第一批重点保护文物，"二爨碑"皆在其中。发现"小爨碑"的是当时的曲靖知府邓尔恒，发现时间是 1852 年，发现地点是麒麟区越州镇杨旗田村；发现"大爨碑"的是当时的云贵总督阮元，发现时间是 1827 年，发现地点是陆良县马街镇薛官堡村。

爨氏家族统辖云南四百余年（当时称"南中"），是曲靖历史上最辉煌灿烂最可歌可泣的一个时期！当时（东晋至唐初），中原王朝处于两个多世纪无休止的战乱之中，而作为"南中"首府的曲靖刚好相反：社会稳定，经济繁荣，人民安居乐业。"爨宝子碑"描述的是"山岳吐金""物物得所""牛马被野""邑落相望"；"爨龙颜碑"描述的是"独步南境，卓尔不群"；《新纂云南通志》记载的是"其地沃壤，多是汉人，既饶宝物，又多名马"。爨氏政权的伟大之处在于：尽管中原两百多年动荡不安，爨氏数十代统治者忠君报国、坚如磐石地服从中原王朝统治，言行皆以维护国家统一、多民族团结和稳定边疆为大局，自始至终捍卫国家完整和多民族团结，自始至终没有脱离中国历史发展的整体。

## 现状：两碑分置 依托学校和县级文管所管理

曲靖爨文化博物馆暨曲一中校史馆位于曲靖一中老校区院内（前身为爨碑亭，由曲靖一中创始人、首任校长谢显琳先生于 1937 年把"爨宝子碑"和"段氏与三十七部会盟碑"移置一处，建亭保护，1988 年，国家曾拨款维护），2012 年 9 月动工新建，两碑分置，划定保护面积 2 亩。2013 年 3 月揭牌，2015 年 10 月对外开馆，依托曲靖一中管理。

　　"爨龙颜碑"现存于陆良县薛馆堡斗阁寺内（1962 年，国家曾拨款维护碑亭与碑底座，1986 年移入新修复的斗阁寺大殿，2020 年 6 月动工修缮，2021 年 2 月竣工），依托陆良县文物管理所管理。

　　无论"二爨碑"还是"段氏与三十七部会盟碑"（此碑是中国历史上少见的用汉字刻碑记录少数民族历史事件以及开创彝族和白族民族大团结先河的实物证据，也是国务院 1961 年公布的全国第一批重点保护文物），目前皆已出现风化现象，文字剥蚀不少，作者认为应引起重视。

## 建议：建设独立完整的"中国爨文化博物馆暨研究院"

　　建设一个独立完整的、综合性的"中国爨文化博物馆暨研究院"，除原有的"爨宝子碑"和"段氏与三十七部会盟碑"外，还可以把"重立爨宝子碑"（1982 年文物普查时于潦浒发现，现存于越州，该碑为研究"小爨碑"历史沿革及移置过程提供了实证，史学价值较高）和"重建曲靖县公署碑"（1998 年曲靖卫校新建教学楼时出土，现存于曲靖医专老校区，该碑是迄今为止在曲靖发现的最早临摹"爨体字"的碑刻）及赵宣伯残碑等碑刻和相关资料进行征集或收购，一并移置到"爨文化博物馆暨研究院"集中统一保管，也可把现存陆良的"爨龙颜碑"和祥光残碑、爨龙骧墓石等碑刻及相关资料移来（国家重点文物需报经国家文物局批准，或者不移，制作一块同等比例的"仿碑"陈列。再或者，于陆良打造另一个"爨文化博物馆暨研究院"）。

　　此外，还必须配套建设一个"爨文化广场"，与"爨文化博物馆暨研究院"相辅相成、有机结合，既是一体的城市休闲公园，又是学术

258

研究基地；既是本地市民和外地游客吃喝玩乐购的地方，又是展览陈列、学术研讨、对外交流、社科文史普及的场所。不仅提高了文物利用率，又让"爨文化博物馆暨研究院"真正成为"开放的、亲民的、休闲的、名副其实公益的"场所（或城市客厅）。拒绝房地产项目，可引入文旅产业。因为"吃在曲靖"，餐饮文化就不赘述；特色文化，除了独树一帜的"爨体书法"，还可纳入"夷汉交融的民族团结典范""鬼主习俗（信仰文化）""明月社盟誓习俗（诚信文化）""遑耶习俗（各民族睦邻团结文化）""清官乡贤崇敬（清廉文化）"，以及具有代表性的本土非遗传承、"陶瓷传习""洞经古乐""曲靖滇戏、花灯、说唱"等；配套的建筑群可考虑："南中大姓博物馆""'滇东（乌蛮）三十七部'博物馆""阿田可彝文博物馆"（唐朝时位于今马龙的东爨纳垢部酋长后裔阿田可，将所创造的 1840 个彝文编成《韪书》，因形似蝌蚪称"蝌蚪文"，被彝族认为是彝文的起源），以及"建宁郡府""宁州府""麻降都督府""南夷校尉府""南宁州都督府""夷帅土酋府"遗址等。

综上所述，作者在这里提出两点建议：

第一种办法是在原址基础上扩建。将曲靖一中老校区整体搬出，在整个曲靖一中老校区基础上进行改扩建。

第二种办法是另行选址。可考虑在东门街棚户改造已闲置的土地上进行规划设计，重新建设，顺带还可恢复一个明代的东城门及城门楼；或者在曲靖医专老校区（即位于老城区的原曲靖卫生学校）的基础上规划建设。总之，在主城区范围内选址建设较为恰当合理。现在的"曲靖爨文化博物馆暨曲靖一中校史馆"，则可扩建为纯粹的"曲靖一中校史馆"。

# 参考文献

## 一、著作

[1] （西晋）陈寿．三国志［M］．北京：中华书局，2011.

[2] 成明．二麇［M］．昆明：云南美术出版社，2010.

[3] 戴兴华．边缘行走［M］．昆明：云南人民出版社，2011.

[4] 戴兴华．闲读闲笔［M］．北京：中国文联出版社，2016.

[5] （清）鄂尔泰，等．（雍正）云南通志［M］//文渊阁《四库全书》本．［出版社地不详：出版社不详］，1736—1795.

[6] （唐）樊绰．云南志补注［M］．向达原，校．木芹，补注．昆明：云南人民出版社，1995.

[7] （清）范承勋，等．（康熙）云南通志［M］．北京：书目文献出版社，1998.

[8] 范建华．麇文化论［M］．昆明：云南大学出版社，1991.

[9] （南朝）范晔．后汉书［M］．北京：中华书局，2000.

[10] 冯绍贤．清代南宁县方志校注［M］．吴乔贵，林文勋，周琼，校注．昆明：云南人民出版社，2014.

[11] 黄铁．阿诗玛［M］．北京：人民文学出版社，2000.

[12]（明）李贤，万安，等．大明一统志［M］．北京：中华书局，2009.

[13] 李玉学．迤东记忆：图说曲靖民俗［M］．昆明：云南民族出版社，2013.

[14] 李玉学．迤东记忆［M］．昆明：云南人民出版社，2011.

[15]（明）李元阳，等．万历云南通志［M］．北京：中国文联出版社，2013.

[16] 梁晓强．南诏史［M］．北京：中国社会科学出版社，2013.

[17]（明）刘文征，撰．天启·滇志［M］．王云，校注．昆明：云南民族出版社，1999.

[18] 马子华．一个幕僚眼中的云南王［M］．昆明：云南美术出版社，1994.

[19] 毛加伟，杨共军．曲靖地方传统菜［M］．昆明：云南美术出版社，2011.

[20]（清）毛玉成，修．（清）张诩辰，喻怀信，纂．（咸丰）南宁县志［M］．台北：成文出版社，1967.

[21]（北宋）欧阳修．新唐书校点本［M］．北京：中华书局，1975.

[22] 清实录：文宗显皇帝实录［M］．北京：中华书局，2008.

[23] 曲靖党史办．曲靖市革命遗址通览［M］．昆明：云南人民出版社，2012.

[24] 曲靖市修复革命遗址"三元宫"领导小组．红军长征过曲靖（内部资料）［M］．昆明：云南轻江科技印刷厂，2005.

[25] 曲靖市人民政府地方志办公室．曲靖简史［M］．昆明：云南人民出版社，2018.

[26] 曲靖史志委．中共曲靖地方史：第一卷［M］．昆明：云南人

民出版社, 2011.

[27] 曲靖市文化局, 曲靖市文化馆. 曲靖市非物质文化遗产保护名录 [M]. 昆明: 云南民族出版社, 2007.

[28] 曲靖市志编纂委员会. 曲靖市志 [M]. 昆明: 云南人民出版社, 2009.

[29] 任乃强. 华阳国志校补图注 [M]. 上海: 上海古籍出版社, 1987.

[30] (西汉) 司马迁. 史记 [M]. 北京: 中华书局, 1982.

[31] 王启国. 曲靖陶瓷史 [M]. 昆明: 云南人民出版社, 2016.

[32] 王叔武. 云南志略辑校 [M]. 昆明: 云南教育出版社, 1986.

[33] (清) 王櫄, 纂修. (康熙) 南宁县志 [M]. [出版地不详: 出版者不详], 1719.

[34] 谢本书. 龙云传 [M]. 昆明: 云南人民出版社, 2011.

[35] 新纂云南通志 [M]. 李春龙, 牛鸿斌, 点校. 昆明: 云南人民出版社, 2007.

[36] 宣威史志委. 红军长征过宣威 [M]. 昆明: 云南人民出版社, 1993.

[37] 杨朝俊, 龚金才. 新编曲靖风物志 [M]. 昆明: 云南人民出版社, 1999.

[38] 杨莼. 三碑点校注译 [M]. 昆明: 云南教育出版社, 1992.

[39] 云南党史办. 红军长征过云南 [M]. 昆明: 云南民族出版社, 1986.

[40] (明) 张纮. 云南机务钞黄 [M]. 民国排印本. 北京: 中华书局, 1985.

［41］（清）张廷玉．明史·卷二四九［M］．北京：大众文艺出版社，1999.

［42］中国人民政治协商会议云南省曲靖市麒麟区委员会．曲靖老城记忆（内部资料）［M］．昆明：云南速盈印刷有限公司，2018.

［43］省曲靖市政协文史委员会．曲靖文史资料：第四辑［M］．昆明：昆明市文化印刷厂，2016.

［44］钟敬文．民俗学概论［M］．上海：上海文艺出版社，1998.

［45］朱惠荣，《徐霞客游记校注》（增定本），昆明：云南人民出版社，1999.

［46］（明）诸葛元声．滇史［M］．刘亚朝，校点．德宏：德宏民族出版社，1994.


## 二、期刊

［1］陈建顺，王军．基于城市旅游的曲靖饮食文化基本状态［J］．曲靖师范学院学报，2013，32（5）：7-10.

［2］汤波，大雅．曲靖潦浒　爨韵柴烧［J］．普洱，2018（11）：110-113.

［3］王富祥．滇东北少数民族服饰在中国画创作中的价值表现［J］．文学界（理论版），2011（11）：205-206.

# 跋

　　《触觉魅惑：曲靖老城印记》付梓在即，我的内心充满了喜悦、不安和感激！

　　喜悦的是本书得以出版，算是了却一桩心愿，也算是一份情怀。此举跟名不沾边，跟利不搭界，没有任何功利目的，只因为自己深爱着的生长之地——曲靖老城。

　　孟子说："学问之道无他，求其放心而已矣。"就是想要把那颗狂乱奔驰的心收回来罢了。年逾不惑，逐渐领悟，生命就是要浪费在自己认为有意义的事情上。

　　不安的是审视全书内容，不完美还是占了多数，无论思想还是文字，都显得肤浅幼稚。我乃简单之人，这就当人生路上的某段记忆，偶尔浮现于梦里。

　　感谢中国科学院院士朱敏老师百忙之中抽时间为本书题写书名，著名画家龚垠辉先生为本书精心设计了封面。中国科学院古脊椎动物与古人类研究所卢静研究员、张禾名老师也都给予了支持。曲靖书法名家匡凌飞老师以及张竹亭兄也提供了诸多帮助，还有为本书出版事宜辛勤付出的各位编辑、老师，借此，一并诚恳致谢！

　　总之，还是诚惶诚恐、忐忑不安，担心自己的肤浅与幼稚，辜负了您遇见此书的缘分，也对不住您阅读它的时间！

岁月流转，世事沧桑，小时候听故事，长大后讲故事，如今老了，不知不觉活到了故事里。曲靖老城，承载了太多曲靖人的无限牵挂与生生不息；曲靖老城，让乡愁有了延续，让乡情有了归处。

本书是为老曲靖而写的，专门写给老曲靖的，仅供给感兴趣者参考，一起交流探讨。

我居住的老街拆迁改造后，希望它的根脉能够留住，实现文明形态又一次新的传承与弘扬。

2024 年 6 月 30 日